TÉCNICACOMPLETA
PARAGUITARRAMODERNA

Total exactitud en el diapasón

JOSEPHALEXANDER

FUNDAMENTALCHANGES

Técnica Completa Para Guitarra Moderna

Total exactitud en el diapasón

ISBN: 978-1-910403-50-1

Publicado por www.fundamental-changes.com

www.fundamental-changes.com

Twitter @Guitar_Joseph

FB: FundamentalChangesInGuitar

http://www.fundamental-changes.com

Contents

Obtén El Audio

Los archivos de audio de este libro se pueden descargar de forma *gratuita* en **www.fundamental-changes.com** y el enlace se encuentra en la esquina superior derecha. Sólo tienes que seleccionar el título de este libro en el menú desplegable y seguir las instrucciones para obtener el audio.

Recomendamos descargar los archivos directamente a tu computador, no a la tableta, y extraerlos allí antes de añadirlos a tu biblioteca multimedia. Luego, ya puedes ponerlos en tu tableta, iPod o grabarlos en un CD. En la página de descarga hay un archivo de ayuda en PDF y *también ofrecemos soporte técnico a través del formulario en la página de descargas.*

Invertimos mucho tiempo logrando que el audio quedara perfecto y será de gran beneficio para ti escuchar estos ejemplos a medida que trabajas a lo largo del libro. Son gratis, así que, ¿qué estás esperando?

Pásate por **www.fundamental-changes.com** y obtén los archivos de audio ahora.

También hay más de 350 clases gratuitas de guitarra que puedes aprovechar.

Si estás leyendo este libro en un lector electrónico, pulsa dos veces cada imagen para verla más grande. Puede ser de ayuda mantener el lector electrónico en modo horizontal y apagar la visualización en columnas.

Introducción

Hay una idea común entre muchos guitarristas de que la técnica instrumental excelente es algo que toma años dominar. Y creen que la técnica se debe poner primero que todo y que debería ocupar la mayoría del tiempo de práctica.

Según mi experiencia, este no es el caso, y de hecho, buscar solamente la técnica "perfecta" de forma demasiado entusiasta puede ser contraproducente, innecesario e incluso perjudicial para la salud.

Hay una pregunta muy simple que te deberías hacer acerca de la técnica. Es una pregunta obvia, pero la mayoría de los guitarristas a quienes les enseño no se la hacen. Cuando mi profesor de guitarra me hizo por primera vez esta pregunta en el instituto de guitarra de Londres, quedé impactado ya que mi profesor tenía la mejor técnica de guitarra que jamás había visto.

Actualmente, cuando pregunto a mis estudiantes la misma pregunta, quince años después, tienen exactamente la misma reacción. La pregunta es:

"¿Cuánta técnica necesitas?"

Piénsalo, ¿qué significa para ti?

Todos escogimos la guitarra por diferentes razones. Yo vi un video de Hendrix en Monterrey a los cuatro años de edad. Seguido prontamente por el concierto Live Aid de Queen en el '85, y ahí me enganché. Ahora tengo más de 40 estudiantes de guitarra privados, y en la primera lección le pregunto a cada uno por qué quieren tocar la guitarra. Creo que es muy importante mantener este objetivo en mente cuando nos empezamos a hundir en la interminable espiral de la práctica de la técnica.

Muchos estudiantes dicen que quieren tocar música para sus amigos, algunos quieren escribir sus propios temas, algunos quieren tocar blues, country, rock progresivo o metal "Screamo".

¡Algunos simplemente son honestos y me dicen que quieren impresionar a las chicas!

Cualquiera que sea la meta (si no tienes una, busca una), deberías considerar que la mayoría de estilos musicales no se desarrollaron como resultado de la excelencia en la técnica. (Obviamente con algunas notables excepciones).

Si quieres tocar blues, por ejemplo, necesitas una técnica sólida. No necesitas gastar 8 horas al día practicando únicamente la técnica; necesitas tocar blues. Si quieres tocar Dream Theater, claramente necesitas invertir mucho más tiempo trabajando en la técnica, *pero* no puedes practicar únicamente la técnica, también tienes que aprender algunas canciones de Dream Theater.

¡Al intentar tocar canciones es cuando descubres cuales ejercicios de técnica necesitas practicar! Simplemente encuentra la parte de la canción donde te quedas atascado y ejercita en aquello que no logras hacer. No cometas el error de pensar que debes tener todo resuelto antes de intentar tocar la canción.

Uno de los mejores guitarristas del planeta dijo "Yo nunca practicaba la técnica, sólo tocaba las canciones e intentaba descifrar aquello que no podía hacer, y por qué no lo podía hacer".

Espero que esto te haga pensar.

Dejando eso de lado (¡y porque ciertamente no estoy sugiriendo que *no* compres este libro!), aún existe la idea errada de que desarrollar una buena técnica toma años de práctica con dedicación y enfoque.

Ahí es cuando aparece este libro.

Enseñar guitarra ha sido mi trabajo de tiempo completo por más de 18 años, y he sido lo suficientemente afortunado de estudiar con algunos de los mejores guitarristas del país. Durante mi carrera he seleccionado cuidadosamente la lista de ejercicios que le doy a mis estudiantes, para dejar sólo los que traen los mayores beneficios, y de manera extremadamente rápida.

Como puedes suponer, no soy un gran "proveedor de ejercicios", pero sí veo los mismos problemas fundamentales de técnica aparecer una y otra vez. De hecho, la mayoría de mis estudiantes habrán usado muchos de los ejercicios de este libro para resolver sus dificultades con la técnica en la guitarra.

Son ejercicios que realmente funcionan. Indicarán los problemas que estás teniendo actualmente, y probablemente son la razón por la cual estás leyendo este libro. Si al ver un ejercicio, crees que no te va a retar o a enseñarte algo, puedes omitirlo. No hay razón para practicar algo que ya puedes hacer.

Este libro está dividido en cuatro secciones,

Punteo E Independencia De Dedos, (estas dos ideas son difícilmente separables)

Ritmo,

Legato,

Técnicas Expresivas.

Algunas veces verás ejercicios similares en diferentes secciones del libro, aunque con un enfoque diferente. Hay algunos ejercicios de independencia de dedos que, por ejemplo, son muy buenos para estudiar el legato debido a la combinación de dedos que se utiliza. No te detengas por esto; no hay caso en reinventar la rueda cada vez que trabajamos en una nueva área de la técnica. Sin duda, cuando hayas estudiado ejercicios similares desde una nueva perspectiva, frecuentemente encontrarás una nueva debilidad en la cual trabajar.

Para el 90% de los lectores, el ritmo y el punteo deberían ser la prioridad.

Entiendo completamente que puedas tener otras prioridades, así que tómate la libertad de profundizar donde tú quieras.

Sin embargo, recuerda esto: tu ritmo no es tan bueno como crees que es. A menos que seas Mike Stern, te beneficiarás si le das una mirada a la sección de ritmo primero. Cerca del 60% de mi práctica actualmente es sobre el ritmo. Eso debería darte una pista.

Me aventuraría a decir que toda la idea de la técnica, desde mi punto de vista, es *ritmo* y *libertad de expresión*. Muchos de los guitarristas profesionales con los que he hablado están totalmente de acuerdo, aunque muchos ponen la *"libertad de expresión"* primero.

Velocidad:

La buena técnica no significa tocar rápido, y tocar rápido no significa buena técnica. Sin embargo, hay ciertos tiempos "estándar de industria" que deberías tener presentes como metas.

Punteo:

Las semicorcheas deberían ser limpias a 120 bpm. Algunos dirán que 140 bpm, y si estás en el metal "shred", probablemente querrás lograr 160 bpm (golpes por minuto).

Las tripletas de semicorcheas deberían ser por lo menos a 100 bpm.

Legato:

El cielo es el límite, siempre y cuando *cada* nota suene definida y uniforme a través del compás. Cada ejemplo de este libro es demostrado en un archivo de audio. Puedes descargar los ejemplos de audio de **www.fundamental-changes.com/audio-downloads**

No olvides que normalmente es mucho más útil ser capaz de ejecutar cualquier ejercicio *extremadamente* lento y con precisión, que tocar a la velocidad de la luz.

Dolor:

Si sientes **cualquier** dolor, detente *inmediatamente* y visita a un especialista. Si tu postura es correcta y tu técnica es buena nunca deberías sentir ningún dolor. La razón más común es que estás intentando tocar demasiado rápido muy pronto, pero aún siendo así, deberías detenerte y ver a un especialista.

Finalmente, recuerda nuestro objetivo original de la musicalidad. Ten presente que "TU ERES LO QUE PRACTICAS". Si sólo practicas ejercicios de técnica, entonces eso es todo lo que llegarás a tocar. Aprende música.

Joseph Alexander

Todos los ejemplos de audio están disponibles gratis en **www.fundamental-changes.com/audio-downloads**

Punteo e Independencia de Dedos

Aunque no son lo mismo, es difícil dar ejercicios útiles de independencia que no involucren algún grado de control al puntear.

Es una difícil situación de "gallina o huevo", pero tenemos que empezar en alguna parte. Algunos aparentes problemas de "punteo" son causados por una debilidad no identificada en la mano del diapasón, así que empezaremos con independencia de dedos en la mano del diapasón.

Los problemas más comunes que veo en el tema de la independencia de dedos tienen que ver con una falta de destreza entre los dedos 2do y 3ro, y debilidad en el 4to dedo.

Falta de destreza entre los dedos 2do y 3ro:

Cada dedo de tu mano tiene su propio tendón, excepto los dedos 2do y 3ro, que comparten uno. Debido a esta particularidad física y humana, a nuestros dedos 2do y 3ro no les gusta trabajar de manera independiente. Pon tu mano del diapasón cuidadosamente sobre una mesa e intenta levantar sólo el 3er dedo y luego el 2do dedo, repetidamente. Compara eso con levantar tu 1er y 2do dedo... Verás que gran parte de desarrollar independencia de dedos está en aprender a controlar esos dedos rebeldes.

Debilidad en el 4to dedo:

Generalmente, el método moderno de tocar es usar el 3er dedo lo más posible, especialmente en los bends pentatónicos. Aunque estoy de acuerdo, esto puede derivar en debilidad del 4to dedo debido a la falta de ejercicio. La fuerza y la precisión en el meñique muchas veces pueden ser el factor limitante en el desarrollo de velocidad y fluidez.

Los siguientes ejercicios apuntan específicamente a las dos anteriores áreas referidas.

Ejercicios de Independencia de Dedos
Permutaciones

Este ejercicio me lo dio Shaun Baxter, un increíble intérprete y educador quien me enseñó en el instituto de guitarra de Londres. En esencia, la idea es apuntarle a la debilidad entre cualquier combinación posible de dedos en el diapasón. La clave para crear fuerza y control, al menos en los ejemplos 1a y 1b, es *mantener tu primer dedo presionado todo el tiempo*.

Ejemplo 1a:

Antes de tocar esto, estudia las notas en paréntesis. Las notas en el 6to y 7mo trastes se mueven hacia atrás y hacia delante a través de 3 cuerdas, mientras que las notas en los trastes 5to y 8vo permanecen constantes en la 4ta cuerda.

Mantén tu primer dedo presionado todo el tiempo y toca el ejemplo, repitiéndolo cuatro veces. Es difícil al principio y hará que tus manos se fatiguen rápidamente, así que no lo toques por más de 30 segundos cada vez.

Todo el tiempo, estos ejemplos se deben tocar con un dedo por traste. No debes usar el mismo dedo dos veces. Usa tu 1er dedo en el 5to traste, el 2do dedo en el 6to traste, etc.

Recuerda que todos los ejemplos en audio los puedes descargar gratis en **www.fundamental-changes.com**.

Después de tocar el ejemplo por 30 segundos, toma un descanso de 15 segundos y luego estudia el ejemplo 1b:

Ejemplo 1b:

Como puedes ver, es la misma idea, sin embargo las notas entre paréntesis están al revés. Toca toda la idea como hiciste en el ejemplo 1a. Sigue tocando de a 30 segundos.

En seguida, intercambia las primeras dos notas:

Ejemplo 1c:

Finalmente, *mantén* las dos primeras notas intercambiadas e intercambia las segundas dos notas:

Ejemplo 1d:

Ya hemos cubierto cada permutación de dedos en esta secuencia.

Practica las cuatro secuencias anteriores lentamente, configura tu metrónomo en 40 bpm y toca dos notas por cada clic. Este ejemplo no es de velocidad, y practicarlo rápido lo hará menos útil.

La siguiente secuencia de notas a practicar es esta:

Ejemplo 2a:

Es la misma idea, pero las notas repetidas ahora están en la mitad. Aquí están las otras tres permutaciones de lo anterior:

Ejemplo 2b:

Ejemplo 2c:

Ejemplo 2d:

Hay otros dos grupos de posibilidades para trabajar. En primer lugar el **ejemplo 3a**:

Ejemplo 3b:

Etc...

```
T  |: ----7----------8--------------------------------------------------------------|
A  |                      ----6--------5------------------------------------------- :|
B  |:                                                                                |
```

Ejemplo 3c:

Etc...

```
T  |: ----8----------7--------------------------------------------------------------|
A  |                      ----5--------6------------------------------------------- :|
B  |:                                                                                |
```

Ejemplo 3d:

Etc...

```
T  |: ----8----------7--------------------------------------------------------------|
A  |                      ----6--------5------------------------------------------- :|
B  |:                                                                                |
```

Finalmente el **ejemplo 4a**:

```
T  |: ----5----6------------------5----6----7----8--------------------7----8---------|
A  |              ----7----8------------------------------5----6----5----6----7----8 :|
B  |:                                                                                 |
```

Ejemplo 4b:

Ejemplo 4c:

Ejemplo 4d:

Aborda *todos* los ejemplos anteriores de la siguiente manera:

1) Toca por 30 segundos, toma un descanso de 15 segundos, y luego pasa al siguiente ejemplo.

2) Apúntale a tocar todos los ejemplos en una sesión de práctica. Tocar todos los ejemplos de esta manera no debería tomar más de diez minutos al principio de tu rutina de práctica.

3) Si vez que puedes hacer un ejemplo con facilidad, tócalo más despacio o no te tomes el trabajo de practicarlo. No hay que practicar algo que ya puedes tocar.

4) Cuando puedas puntear todas las notas en cada ejemplo, intenta utilizar *ligados ascendentes* (hammer-ons) y *ligados descendentes* (pull-offs).

5) Tocar esto en una forma de legato lenta y controlada, es un gran ejemplo de control.

6) Si los ejemplos se vuelven demasiado fáciles, intenta tocarlos con una cadencia más lenta, acentuando cada segunda nota, como se muestra enseguida:

13

Ejemplo 5a:

Como con cualquier clase de ejemplo, si experimentas algún tipo de dolor, detente inmediatamente. La clave del éxito es controlar la mano del diapasón en un tempo muy lento.

Fuerza En El 4to dedo

Recibí la siguiente idea como un ejercicio de calentamiento cuando tenía cerca de 13 años de edad. Nunca me ha gustado apegarme a material antiguo, pero este entrenamiento para tus dedos 3ro y 4to vale oro. Siempre que he tomado alguna pausa de tocar la guitarra por algún tiempo, este es uno de los primeros ejercicios que retomo.

Ejemplo 6a:

Hold 1st finger down throughout

1st 4th 3rd 4th

```
5—8—7—8—5—8—7—8—5—8—7—8—5—8—7—8    5—8—7—8—5—8—7—8—5—8—7—8—5—8—7—8
```

```
5—8—7—8—5—8—7—8—5—8—7—8—5—8—7—8    5—8—7—8—5—8—7—8—5—8—7—8—5—8—7—8
```

Mantén el primer dedo presionado todo el tiempo.

El ejemplo funciona haciéndote usar la combinación de los dedos 3ro y 4to gradualmente bajo más presión a medida que te mueves por el diapasón.

Empieza tocando el ejemplo 6a lentamente, teniendo cuidado de usar los dedos correctos en cada traste tal como se muestra en el ejemplo. Una vez hayas puesto el 1er dedo en el 5to traste, **mantenlo ahí** hasta que tengas que cambiar de cuerda.

A medida que te mueves hacia las cuerdas de arriba, los tendones en tu muñeca se van estirando gradualmente. Normalmente esto causa que el ejercicio se vuelva cada vez más difícil. Empieza tocando semicorcheas a 40 bpm y asegúrate de poder tocar en todas las cuerdas de manera uniforme antes de aumentar la velocidad. Yo le apuntaría a una velocidad máxima de cerca de 100 bpm. Tocar más rápido esta bien, pero debes ser capaz de tocar en un tempo constante a través de todo el ejercicio.

Cuando puedas, arreglártelas con 40 bpm de manera uniforme en todas las cuerdas, aumenta de a 8 bpm en el metrónomo cada vez.

El siguiente ejemplo combina la fuerza en el 4to dedo con la independencia de los dedos 2do y 3ro:

Ejemplo 6b:

Mantén el 2do dedo presionado todo el tiempo

El ejemplo 6b es similar al ejemplo 6a, sin embargo ahora vas a mantener el 2do dedo presionado en cada cuerda mientras trabajas los dedos 3ro y 4to. Esto es mucho más retador y también benéfico, pero, una vez más, es supremamente importante ir despacio y mantener todos los movimientos controlados.

Comienza practicando este ejercicio sin metrónomo antes de aprender a controlar tus dedos a 40 bpm.

Recuerda que todos los ejemplos están disponibles para descargar gratis en **www.fundamental-changes.com/audio-downloads**.

Punteo

Los ejemplos de esta sección constituyen algunas de ideas más útiles que he visto, y muchas de las ideas en los siguientes capítulos, se derivan de este sistema eficiente y útil.

Punteo Alternado Vs. Punteo Economizador

Este es un debate en el cual no voy a ir muy a fondo, sin embargo, debo decir que yo uso el punteo economizador.

Si no tienes clara la diferencia, te doy una explicación simple: el punteo alternado consiste en tocar arriba-abajo-arriba-abajo constantemente, y frecuentemente se fía del movimiento de la púa para ejecutar los ritmos con precisión. Por su parte, el punteo economizador toma la dirección más eficiente entre dos puntos, pero puede llegar a requerir un trabajo un poco más duro para tocar un ritmo con precisión.

Esta es una descripción simplificada, así que antes de que empieces a escribir malos comentarios y enviarme mensajes de repudio; ¡estoy totalmente consiente de que esa no es toda la definición! Los ejemplos de este capítulo están diseñados para enseñar el punteo economizador porque he llegado a notar muchas menos lesiones y mejores tiempos (en general), en quienes tocan con punteo economizador, más que en quienes usan el punteo alternado.

Si quieres tocar con punteo alternado los siguientes ejemplos, por favor hazlo. De todas formas vas a aprender bastante.

Descripción del Punteo Economizador

El mayor principio detrás del punteo economizador es que se debería atravesar las cuerdas con la púa lo **menos** posible.

Puntea hacia abajo en la 5ta cuerda abierta. La siguiente nota que vas a tocar es la 4ta cuerda abierta. En términos de eficiencia, ¿tiene sentido tocar la 4ta cuerda hacia abajo o hacia arriba?

La respuesta es que siempre deberías tocar otra vez hacia abajo en la 4ta cuerda, porque al puntear hacia arriba, habrás tenido que moverte a través de la 4ta cuerda sin tocarla antes de que puedas hacer el punteo hacia arriba.

¿Por qué no simplemente puntearla mientras vamos bajando para evitar el movimiento adicional?

Una forma sencilla de resumirlo sería:

"Cada vez que cambies de cuerda alejándote de tu cuerpo (al bajar hacia el piso), siempre puntea hacia abajo"

Por supuesto, lo contrario también es cierto:

"Cada vez que cambies de cuerda hacia tu cuerpo (al subir hacia el techo), siempre puntea hacia arriba"

Si tuviéramos que tocar una serie de notas en la *misma* cuerda, siempre alternaríamos la dirección del punteo.

Esas son las únicas tres reglas del punteo economizador, y cubren cada una de las posibilidades que pueden ocurrir en tu mano que puntea.

Si sigues estas reglas al abordar el resto del capítulo, empezarás a notar que tu mano que puntea hará movimientos cada vez más pequeños. Habrá un aumento en tu precisión, velocidad y fluidez en la guitarra, y probabilidades mucho más reducidas de tener una lesión, como tendinitis o el síndrome del túnel del carpo.

En mi opinión, lo más increíble del punteo economizador es que una vez lo tengas resuelto, nunca te tendrás que preocupar por tu punteo de nuevo. Ni perderás tu tiempo de práctica preguntándote como ejecutar un ritmo en particular.

Posición De La Mano Que Puntea

Esto es algo que no es sencillo explicar con palabras, pero la posición de tu mano que puntea es crucial. El talón de la mano (la parte carnosa de tu mano, como una almohadilla, que está en la misma línea del dedo meñique), **siempre** debe tener un pequeño contacto con las cuerdas graves cuando tocas notas en las cuerdas agudas. Esto no sólo te permite ubicar fácilmente las cuerdas con la púa, también mantiene al mínimo los ruidos no deseados en las cuerdas cuando tocas con distorsión. Si no puedes alcanzas las cuerdas altas en esta posición, **mueve la muñeca completa hacia abajo en la guitarra.**

No *ancles* tu mano que puntea firmemente a las cuerdas de la guitarra. Si quieres tocar notas no apagadas en las cuerdas graves, mueve toda tu muñeca hacia arriba, de forma que el talón de la mano repose suavemente sobre el cuerpo de la guitarra.

Si fueras a hacer una escala ascendente sobre todas las 6 cuerdas, tu púa debería ser capaz de moverse en línea recta hacia abajo a medida que tu muñeca completa va bajando. Si anclas tu muñeca a las cuerdas graves vas a "dibujar" un arco con la púa. Esto se debe evitar a cualquier costo.

Esconde cuidadosamente los dedos que no estas usando (2do, 3ro y 4to), entre tu palma.

La púa debe ser sostenida en el **lado** del 1er dedo (no en la yema), con el pulgar cuidadosamente sosteniéndola por arriba. Debes tener cerca de 2 mm o 1/8 de pulgada sobresaliendo del pulgar.

Eficiencia Al Puntear

Estudia el **ejemplo 7a**:

Antes de preocuparte de cómo puntear correctamente este ejercicio, asegúrate de poder pulsar las notas usando la regla de "un dedo por traste". Usa tu 1er dedo para cualquier nota en el 5to traste, tu 2do dedo para cualquier nota en el 6to traste, y así sucesivamente.

Ahora, centremos la atención en la dirección del punteo. Puede que esto sea completamente nuevo para ti, así que por favor, ve muy despacio: No toques una sola nota hasta estar *seguro* de que vas a usar la dirección de punteo correcta.

El punto donde posiblemente tengas problemas sea entre el **pulso 2-&** y el **pulso 3,** porque aquí hay dos punteos hacia arriba seguidos. Esto sucede, como posiblemente lo hayas notado, porque estas cambiando de la 2da a la 3ra cuerda y ahora estamos evitando un cruce innecesario en la 3ra cuerda.

Cuando hayas logrado tocar este ejemplo correctamente, configura tu metrónomo en 60 bpm y toca el ejemplo como esta escrito arriba. Asegúrate de poner atención en la dirección del punteo, no en las notas que tocas con tu mano del diapasón. Si tocas una nota incorrecta en estas instancias, no te preocupes, siempre que la forma de puntear sea la correcta.

Si estás absolutamente seguro de que tu punteo es correcto, entonces aumenta gradualmente la velocidad de tu metrónomo en incrementos de 8 bpm y ve subiendo hasta los 100 bpm.

Detente en 100 bpm, pues vamos a discutir como incrementar la velocidad de forma adecuada más adelante en este capítulo.

Ahora, imagina que la secuencia de notas que has estado tocando es un ciclo sin principio ni fin. Entonces podemos empezar a tocar en cualquier punto del ciclo, y al hacerlo así, podemos no sólo enfocarnos en el punteo, sino también en cualquier debilidad que tengamos manteniendo el tiempo en la mano del diapasón. Esto quedará más claro cuando toques el **ejemplo 7b**:

Primero que todo, nota que el primer punteo hacia abajo está entre paréntesis. Sólo lo tocas hacia abajo la primera vez del ciclo. En cada repetición, será precedido por una nota en la 1ra cuerda (pulso 4-&) de forma que debes cambiar de cuerda con un punteo hacia arriba.

Ocasionalmente, nos encontramos con estas pequeñas peculiaridades, pero ellas no afectan nuestra forma de puntear en absoluto. Se *consciente* de que tu forma de puntear está cambiando, pero en lo que te tienes que concentrar es en estar dentro del ritmo.

Como se mencionó en la página anterior, al empezar este ciclo de notas en diferentes puntos, podemos "revelar" cualquier debilidad en nuestra técnica de punteo, y hacer nuestro tiempo de práctica mucho más eficiente.

Toca el ejemplo 7b con tu metrónomo en 60 bpm. Concéntrate primero en asegurar que tu forma de puntear es correcta antes de empezar a aumentar el tempo gradualmente de a 8 bpm, cada vez que lo puedas tocar cómodamente. No hay razón para mantenerse en un tempo si lo dominas, así que, ¡no desperdicies tu tiempo de práctica!

La primera "rotación" del ejemplo pondrá la atención en cualquier debilidad que tengas al cambiar del 1er dedo en la 1ra cuerda al 4to dedo en la 2da cuerda. Esta es un área en la que los guitarristas normalmente tienen dificultades, así que a medida que aumentas la velocidad en el metrónomo, fíjate en las notas de los pulsos 4, "4-&" y alguna otra que este quedando descuidada. El resto de este ejemplo, combinado con la sección de este libro "Cómo Aumentar La Velocidad", te ayudará bastante con cualquier debilidad en tu técnica.

Para continuar con este importante ejemplo, vamos a empezar desde cada uno de los puntos del ciclo. Eventualmente, la dirección de punteo va a cambiar ligeramente luego del primer bucle, pero mantente enfocado en siempre usar la dirección correcta como se marca en el ejemplo.

Continuación de Rotación de Punteos

Ejemplo 7c:

Ejemplo 7d:

Ejemplo 7e:

Ejemplo 7f:

Ejemplo 7g:

Ejemplo 7h:

Inicialmente, toca cada ejemplo muy lentamente pues se necesita tiempo para construir nuevas habilidades motoras. Tocar *bien* es mucho más importante que tocar rápido.

Cuando comiences a acelerar gradualmente, toca cada rotación al menos 16 veces antes de pasar a la siguiente.

Una vez que hayas desarrollado un buen control direccional en tu mano de punteo, y estés construyendo la velocidad y fluidez, vale la pena tratar a la serie anterior de ejemplos como un conjunto de pruebas de ritmo.

En ciertos puntos del ciclo hay una tendencia a apresurarse; las tres notas de la 2da cuerda, por ejemplo, se chocarán entre sí. Otras áreas te mostrarán tus errores, como el cambio mencionado anteriormente entre la cuerda 1 y la cuerda 2. Sé consciente de espaciar cada nota de forma uniforme en cada clic. Una gran manera de lograrlo es configurar el metrónomo en 40 bpm y tocar semicorcheas (cuatro notas uniformes por cada clic).

También puedes grabar tu práctica, ya sea en video o simplemente en audio, y escuchar de nuevo tu grabación regularmente. Pronto verás si te estás apresurando demasiado o estás cayendo después de tiempo. Esta idea se aborda con mayor profundidad en el capítulo de la *medición del tiempo en legato*.

Cómo Aumentar la Velocidad

Una vez tuve un estudiante que estaba tratando de desarrollar sus dotes de velocidad aumentando el metrónomo en 1 golpe por minuto (bpm) cada día, y tocando todo lo que sabía durante "cien días", y de esa manera lograría "dominar la guitarra".

Es indudablemente una teoría interesante, sin embargo, en mi experiencia, esta no es la forma más rápida o más permanente para aumentar la velocidad y el control.

Lo curioso acerca de la velocidad es que se trata simplemente de desarrollar un conjunto de habilidades motoras, y cualquier persona, salvo impedimento, puede desarrollar una velocidad fenomenal en la guitarra. Siempre habrá vídeos en YouTube de increíbles guitarristas de doce años sacándole fuego a las escalas, que nos hacen quedar como tontos y nos hacen practicar un poco más duro.

Sin embargo, si miramos un poco más a fondo, a menudo el ritmo de lo que está tocando este "chico maravilla" puede ser un poco laxo[1].

El problema es que a medida que los clics se hacen más rápidos, la distancia entre las notas individuales se reduce, y se hace más difícil saber si esas ardientes tripletas de semicorcheas son del todo precisas. *Es* posible notarlo, pero en general toda la melodía (o el ejemplo) aparece como un poco descuidado, o *flotante* sobre el pulso.

La respuesta radica simplemente en tener control de la mano del diapasón, y la mayoría de este trabajo se lleva a cabo en el capítulo de la *medición del tiempo en legato* más adelante en el libro. Sin embargo, ciertamente debemos echar un vistazo al importante concepto de velocidad, mientras se estudia el punteo.

La buena noticia es que no tienes que practicar *todo* lo que sabes como ejemplo para la velocidad.

Hay ciertas combinaciones de dedos y patrones en la guitarra rock que surgen una y otra vez, así que estos son los mejores ejemplos para comenzar. A veces, cuando estás aprendiendo una nueva pieza de música, te puedes encontrar con un desafío único que requiere trabajo, pero es una pérdida de tiempo planificarlo por adelantado. Trabaja en eso cuando aparezca.

Retomando un ejemplo anterior, vamos a centrarnos de nuevo el **ejemplo 7a**:

Ejemplo 7a:

Deberías ser capaz de tocar este ejemplo claramente y con el patrón de punteo correcto antes de intentar este ejemplo.

---

1. Esto es una generalización y no siempre es cierto. Muchos de ellos, quienes usan la técnica "shred", tienen una medida del tiempo excelente.

Ajusta el metrónomo en 60 bpm y grábate tocando el ejemplo anterior cuatro veces.

Escucha o mira tu grabación. Si las notas se espacian uniformemente a través del compás, aumenta el metrónomo en 8 bpm. Aquí es importante que seas honesto contigo mismo.

Si llegas a 100 bpm, reduce la velocidad del metrónomo a la mitad, a 50, y **duplica** la velocidad de tus notas, de forma que ahora estás tocando semicorcheas:

Ejemplo 7a tocado en semicorcheas:

Repite los pasos uno y dos hasta que encuentres un punto en el cual estés esforzándote para tocar el ejemplo, o el ritmo empieza a fragmentarse.

Reduce la velocidad del metrónomo en un 20% y *saca aparte el fragmento del ejemplo que no puedes hacer.* Esto podría ser un par de notas sobre un cambio de cuerda, o podría ser la velocidad a la que eres capaz de tocar notas con punteo alternado en la segunda cuerda. Cualquiera sea el caso, sácalo aparte, y practica esa sección solamente.

Aumenta la velocidad del metrónomo **en 40 bpm** y continúa tocando únicamente la parte del ejemplo con la que tienes dificultad. Puede llegar a ser casi imposible, pero trata de hacerlo un par de veces. **No te preocupes por hacerlo en un tiempo perfecto, sólo tratar de apuntarle a los clics del metrónomo.**

Ahora trata de completar el ciclo completo de las notas en el ejemplo a la velocidad más alta. Esto va a ser muy duro, pero inténtalo un par de veces a pesar de que no puedas hacer. No te preocupes por el tiempo perfecto, sólo tratar de darle a la primera nota en el golpe.

Finalmente, ajusta el metrónomo en 5 bpm por **debajo** de donde *en un inicio estabas atascado*, y continua con el ejemplo aumentando los golpes por minuto de a 8 golpes cada vez[2].

El uso de este método preciso construye velocidad y técnica extremadamente rápido.

La parte más importante del proceso, en términos de aumentar la velocidad, es cuando se eleva la velocidad del metrónomo a un punto en el que nunca podrías imaginar que podrías completar el ejemplo. Trabajando allí, incluso durante treinta segundos, hace que tu inconsciente perciba el ejemplo con el tempo inferior como si fuera mucho más fácil.

No tienes que grabarte a ti mismo *cada vez* que aumentas los 8 bpm, pero es una buena idea mantener registros de tu ritmo al grabarte regularmente.

---

2. Si estás tocando el ejercicio con semicorcheas, tal vez quieras aumentar la velocidad en sólo 4 o 5 bpm.

Por supuesto, debes practicar esto con cada rotación del ejemplo. Cada rotación tiene diferentes retos y dificultades técnicas. Cuando abordes las demás rotaciones, sin embargo, no empieces con corcheas. Comienza con semicorcheas en 50 bpm y te ahorrarás un montón de tiempo. Obviamente ve más despacio si ves que es demasiado rápido para empezar, pero recuerda que sólo debes practicar lo que *no puedes* hacer.

Por último, trata esto como un **ejercicio de ritmo**. Cuando estés tocando semicorcheas, cada quinta nota debe caer en el golpe. Si estás contando, deberías decir en voz alta:

1e&a 2e&a 3e&a 4e&a

Asegúrate de que los unos, dos, tres y cuatro caigan *directamente* en el golpe.

Además, un concepto muy importante es el de dar golpes con el pie. Puede sonar simple, pero al hacer que el pulso sea un movimiento físico del cuerpo, en lugar de una onda de sonido rebotando el aire, hará que automáticamente toques con más precisión en el tiempo. Si no puedes marcar con el pie con precisión en este ejemplo, haz más lento el ritmo y practica hasta que lo logres.

Otros patrones

Los ejemplos anteriores deben ser modificados para incluir diferentes combinaciones de dedos posibles. En primer lugar, aplicar las ideas anteriores a los ejemplos 8a-8h, para entrenar los dedos 3ro y 4to. (Utiliza el 3er dedo en la cuerda de Si, en el 7mo traste).

Ejemplo 8a:

Ejemplo 8b:

Ejemplo 8c:

Ejemplo 8d:

Ejemplo 8e:

Ejemplo 8f:

Ejemplo 8g:

Ejemplo 8h:

Otra combinación de dedos esencial, y muy común, es la que se muestra en los ejemplos 9a-9h. Usa los dedos 4, 2 y 1 para tocar las notas en la segunda cuerda. Sigue usando el 3er dedo en la 3ra cuerda.

Ejemplo 9a:

Ejemplo 9b:

Ejemplo 9c:

Ejemplo 9d:

Ejemplo 9e:

Ejemplo 9f:

Ejemplo 9g:

Ejemplo 9h:

Saltos de cuerda

Cuando usas el punteo economizador al saltarte una cuerda (literalmente, no tocar una cuerda), aplica la misma regla.

Estudia el siguiente ejemplo:

Ejemplo 10:

Etc...

Esta es una idea basada en un ejercicio de John Petrucci (Dream Theater), en el que vas "arañando" hacia arriba por el mástil. Cuando subes las cuatro primeras notas de cada barra de compás, utiliza la digitación 1, 2, 3, 4. Invierte ese patrón para las últimas cuatro notas. Este ejemplo se diferencia del clásico ejercicio de Petrucci porque aquí todo es con punteo economizador.

Sólo se muestran las primeras cuatro barras de compás, pero continúa el ejemplo subiendo por el mástil hasta llegar al traste 12. Cuando estés allí, regresa de nuevo bajando por el mástil hasta el primer traste, como se muestra en el

Ejemplo 10b:

A lo largo del ejemplo, tu punteo debe verse como si estuviera haciendo un rasgueo partido y lento a través de las cuerdas. Sólo cambia la dirección en las cuerdas 1ra y 6ta.

Ejemplos de Escalas Útiles

Las siguientes ideas de escalas se incluyen aquí como una especie de "diccionario" de los enfoques melódicos modernos. Ellos son exigentes técnicamente para las dos manos y sin duda son grandes ejemplos, pero al estudiarlos en la forma descrita anteriormente, también entrenarán tu oído para escuchar intervalos, tríadas y arpegios. Como tales, son de inmensa ayuda para poder escapar de cualquier tendencia a "hacer escalas", al tocar los solos.

Recuerde, que eres lo que practicas: Si sólo practicas escalas ascendentes y descendentes repetidamente, eso es todo lo que podrás tocar a la hora de ser creativo. La creatividad en la práctica conduce a la creatividad al tocar.

Sería fácil darte una escala mayor de tres notas por cuerda a "velocidad estándar". He evitado hacerlo deliberadamente. Mediante el uso de una forma de escala con una combinación de dos y tres notas por cuerda, vas a desarrollar tu técnica mucho más rápidamente. Será un poco más difícil en el corto plazo, pero te dará una mejor técnica integral.

Un punto importante a tener en cuenta es que si algo es *realmente* difícil técnicamente, debes preguntarte si hay algún beneficio para ti al practicarlo. Normalmente habrá dos o tres lugares en la guitarra, donde puedes usar una digitación diferente para tocar exactamente las mismas notas con mucha más facilidad. ¿Por qué no simplemente hacer eso? Además, si pasas horas trabajando en algo que es completamente antinatural al tocar, terminarás "atrapado" tocando esa idea cuando toques un solo. ¡No serás capaz de tocar nada más!

Con esto en mente, considera cómo estás gastando el tiempo. Teniendo sólo unas horas limitadas al día para practicar, es vital ser selectivo con nuestros estudios técnicos.

Todos los ejemplos siguientes se basan en la forma siguiente de la escala de La Mayor:

Ejemplo 11:

Asegúrate de que puedes tocarlo perfectamente. Comienza con el metrónomo a la mayor velocidad a la que puedas tocar cómodamente la escala ascendente y descendente, y aumenta el metrónomo en incrementos de 8bpm hasta que puedas tocar sin problemas semicorcheas a 120 bpm.

Un intervalo es la distancia entre dos notas. Por ejemplo, Do – Re es una segunda. Do – Mi es una tercera. Ahora vamos a estudiar la escala de La Mayor en terceras, en forma ascendente y descendente.

Ejemplo 12a:

Tu objetivo para este ejemplo debe ser semicorcheas a 100 bpm, aunque no hay necesidad de parar allí.

En seguida tenemos La Mayor en cuartas. Una vez más, el objetivo es 100 bpm: **Ejemplo 12b:**

La Mayor en sextas[3]:

_____

3. Las quintas no se usan comúnmente.

Ejemplo 12c:

Esta página muestra los patrones de escala útiles que se utilizan a menudo para construir técnica y frases melódicas. Todos ellos se deben tocar a 120 bpm.

Ejemplo 13a:

Ejemplo 13b:

Ejemplo 13c:

Ejemplo 13d:

Hay muchos más patrones posibles; intenta crear uno propio.

La siguiente serie de ejemplos realmente empieza a fragmentar la escala. Son *tríadas*. Pueden considerarse "terceras apiladas".

Ejemplo 14a:

Ejemplo 14b:

Ejemplo 14c:

Ejemplo 14d:

Por último, aquí hay ideas basadas en los arpegios de cuatro notas que se forman en cada paso de la escala. Estos son mucho más exigentes técnicamente, así que ve despacio y siempre usa la forma de punteo correcta.

Ejemplo 15a:

Ejemplo 15b:

Ejemplo 15c:

Una vez más, hay muchas permutaciones posibles cuando se trata de patrones de arpegio como este. Trata de inventar uno propio.

Tripletas de Semicorchea

Una parte importante de la guitarra rock moderna gira en torno a líneas de tripletas de semicorchea agresivas. Personalmente, me siento más cómodo tocándolos en un estilo legato, sin embargo la "ametralladora" de tripletas de semicorchea de guitarristas como Paul Gilbert y Nuno Bettencourt son una cosa importante para tener a tu disposición.

Una vez más, el principal obstáculo para tocar bien estas tripletas es el ritmo. Puntear es más fácil rítmicamente, pero puede limitar la velocidad. El legato es mucho más fácil para la velocidad, pero tocar un triplete uniformemente es mucho más difícil.

Para estar seguro de tener un control uniforme de los dedos a lo largo del ejercicio, usaremos el enfoque de rotación que aprendimos en el ejemplo 3. Estudia lo siguiente:

Ejemplo 16a:

Puntea este ejemplo lentamente. Utiliza los dedos 4, 2 y 1. Ajusta el metrónomo a 70 y toca 3 notas por golpe, (la mitad de la velocidad escrita en el ejemplo anterior). Trata de acentuar cada nota que ocurra en el traste 12.

Cuando puedas completar ejemplo 16a con precisión, intenta tocar el bucle dos veces antes de detenerte. Auméntalo a 3 repeticiones, y luego tócalo en bucle como en el **ejemplo 16b**:

Comienza a acelerar el ejemplo 16b ajustando tu metrónomo en 35 bpm y tocando el ejemplo como las tripletas de semicorchea anotadas, es decir, 6 notas por clic. A medida que te sientas cómodo, aumenta el metrónomo en incrementos de 4 bpm.

Pronto, la mayoría de la gente encuentra que su técnica o ritmo comienza a descomponerse. Cuando esto te suceda, vuelve al ejemplo 16a y toca el bucle, haciendo una pausa al volver al golpe. En otras palabras, toca las seis notas del ciclo, y haz una pausa cuando llegues a la primera nota de nuevo. No te preocupes aún por espaciar uniformemente las notas, sólo tratar de meter las seis notas y caer en la primera nota de nuevo.

El truco que usamos ahora es incluir un obstáculo, en este caso un salto de cuerda:

Ejemplo 16c:

Mantén el tempo igual, o ligeramente auméntalo en 8 bpm, y luego trata de seguir en el bucle. Olvídate del ritmo; sólo trata de completar el ciclo para caer en la primera nota de nuevo. Tu punteo debe seguir siendo el mismo.

Luego, intenta dos bucles antes de detenerte.

Finalmente, reduce la velocidad del metrónomo al tempo en el que originalmente te atascaste y toca esto:

Ejemplo 16d:

No te preocupes demasiado por el espaciado uniforme de las notas, sólo concéntrate en volver a la primera nota en el clic.

Esto se sentirá débil y fuera de tiempo, sin embargo, al volver a tocar el bucle inicial a la velocidad en la que inicialmente te atascaste, la mayoría de los estudiantes lo encontrarán mucho más fácil de tocar. Este es el momento de centrarse en el ritmo y la precisión.

Debes explorar cada rotación en este ejemplo en busca de puntos débiles:

Ejemplo 16e:

Ejemplo 16f:

Ejemplo 16g:

Ejemplo 16h:

Ejemplo 16i:

El objetivo en ejemplos como éste es 100 bpm en todas las rotaciones. Si te quedas atascado, aplica el método del obstáculo para ayudarte a aumentar la velocidad.

Los otros patrones en los que debes ser competente en todas las rotaciones son:

Ejemplo 17a:

Ejemplo 17b:

Ejemplo 17c:

Ejemplo 17d:

Practícalos de la misma manera que antes. Utiliza siempre el truco del obstáculo cuando des con una "pared de ladrillos". Recuerda, si sientes cualquier dolor, toma un descanso y ve al médico. La razón más probable es que puedes estar tratando de tocar demasiado rápido, demasiado pronto. ¡Siempre haz un calentamiento!

Ritmo

"La Nota Correcta Tocada En El Momento Incorrecto Es Aún Una Nota Incorrecta."

En este capítulo trabajaremos tu sentido fundamental del tiempo. Tu reloj interno es probablemente el factor más importante en qué tan bien tocas el instrumento. La buena noticia es que los ejemplos de esta sección traen los beneficios más inmediatos y de largo alcance en tu forma de tocar.

Uno de los problemas rítmicos inherentes con la guitarra es que es muy fácil de tocar notas rápidas e incorrectas al mismo tiempo. Ni siquiera tienes que tomar un respiro para poder tocar una nota, y si deseas hacer que un montón de notas suenen rápido, el legato es una técnica relativamente sencilla. "Aplastar" juntas unas notas rápidas entre cada pulso es algo que examinaremos en detalle más adelante, sin embargo antes de que abordemos eso, ¡vamos a trabajar en tu sentido de donde *está* el pulso realmente!

Imagina un campo de fútbol americano; las líneas blancas están ahí para ayudarnos a dividir el espacio y a juzgar cuantas yardas se ganaron antes de que el pequeño hombre con armadura caiga. Las líneas blancas sobre el terreno de juego, para nosotros los músicos, son como todos los hi-hats, cajas, bombos y toms en un patrón rítmico de la batería. Si tuviéramos que eliminar todas las líneas blancas de la cancha, tendríamos que trabajar muy duro en nuestra percepción de la distancia para juzgar exactamente donde cayó el hombre. Esto es exactamente lo que vamos a hacer con nuestra batería; eliminar todo el exceso de golpes hasta que tengamos sólo el golpe dos y el golpe cuatro (los golpes de caja) sonando en nuestro metrónomo.

Metrónomo En Dos y En Cuatro

Esto puede ser un ejemplo *muy* difícil al principio, ¡pero síguelo al pie de la letra!

Ajusta tu metrónomo en 35 bpm[4].

Di en voz alta "dos", y luego "cuatro" en cada clic sucesivamente. Se trata de un ritmo básico en la caja de la batería. Cuando eso se sienta cómodo, rellena los espacios uniformemente diciendo "uno" y "tres" en los espacios. Esto es complicado, pero vas a terminar con esto:

Sé claro y ten seguridad al contar en voz alta. La seguridad aquí realmente te ayudará a interiorizar el ritmo.

---

4. Algunos metrónomos no van tan lento. Si el tuyo no da esa velocidad, actualmente es fácil descargar un metrónomo gratuito a tu teléfono móvil o al computador.

Grupos de Notas Pares

A la vez que cuentas en voz alta en los clics dos y cuatro, haz un punteo hacia abajo silenciado en una nota, o un rasgueo completo silenciando cada nota. Esto se muestra en el **Ejemplo 18a**:

Escucha con *mucha* atención, y observa si estás por delante o detrás del golpe. Quédate con este ejemplo hasta que te sientas relajado tocando notas en los tiempos de uno, dos, tres y cuatro, mientras el metrónomo marca en dos y cuatro.

La siguiente etapa consiste en subdividir las negras en corcheas. Asegúrate de mantener un movimiento constante **abajo-arriba-abajo-arriba**... en tu dirección de punteo, ya que te ayudará a mantenerte dentro del tiempo.

Puedes escuchar esto en el **ejemplo 18b**:

Una vez más, escucha el clic del metrónomo sincronizándose con cada tercer punteo hacia **abajo**.

Duplicando de nuevo, podemos comenzar a tocar semicorcheas. Esto se muestra en el ejemplo 18c. Sin embargo, no te limites a escuchar el clic en dos y en cuatro, trata de saber si tus semicorcheas se distribuyen uniformemente a través del compás.

Ejemplo 18c:

Estos ejemplos podrían no unirse muy rápidamente, son difíciles, pero también son tan fundamentales para el desarrollo de un buen tiempo, que debes pasar todo el tiempo que sea necesario para interiorizarlos.

Tripletas

El siguiente ejemplo, que implica tripletas, es mucho más difícil, pero es intrínseco a los importantes ejemplos que siguen.

Antes de tocar, escucha el ejemplo de audio correspondiente al ejemplo 18d. Escucha cómo las tripletas se articulan con el plectro. Hay un acento claro en el primero de cada conjunto de tripletas.

Debes estar punteando así:

ABAJO arriba abajo ARRIBA abajo arriba.

Esto es punteo alternado estricto, fraseado en triadas.

Ejemplo 18d:

Como ya he mencionado, este ejemplo es más difícil, pero es la base de muchos de los ejemplos siguientes. Se necesita paciencia para hacerlo bien, pero deberías comenzar a notar una mejoría inmediata y una conciencia rítmica en tu interpretación muy rápidamente.

Alternando Entre Grupos De Notas Pares

Una vez que los ejemplos anteriores comiencen a tomar forma, se debe pasar a alternar entre diferentes agrupaciones rítmicas. Aquí es donde comienzan los retos reales.

Estudia el ejemplo 18e.

Para desarrollar más control rítmico, estamos intercambiando entre negras y corcheas. Como siempre, asegúrate de ceñirte al clic.

Ejemplo 18e:

A medida que desarrollas mayor precisión, intenta reducir la velocidad del metrónomo a 30. Una disminución de 1 bpm en el metrónomo tiene el efecto de una reducción 2 bpm en el tempo.

El ejemplo 18f muestra la misma idea, pero ahora estamos pasando de corcheas a semicorcheas:

Ejemplo 18f:

Alternando De Grupos De Notas Pares A Impares

Creo que el siguiente es uno de los *ejemplos más importantes de todo el libro.*

En el ejemplo 18g aprenderás a cambiar entre corcheas y tripletas de corchea mientras que el metrónomo marca lento en dos y en cuatro.

Ejemplo 18g:

Escucha con mucha atención el ejemplo de audio antes de empezar. La razón de que este ejemplo sea tan útil, es que pone de manifiesto una tendencia natural a *precipitarse en las tripletas* y caer *ligeramente por detrás al pasar a corcheas normales.*

Toca el ejemplo 18g; si es de ayuda, marca con el pie en los golpes uno, dos, tres y cuatro. Mientras que consigues ajustarte al ritmo, intenta contar **"1 & 2 & 3 & 4 & |1 & a 2 & a 3 & a 4 & a"**. Sigue repitiendo el ejemplo en bucle hasta que sientas que se unen.

Cuando pienses que te estás acercando, intenta grabarte tocando con metrónomo. Esto es de gran utilidad, y es un recurso que actualmente somos afortunados de tener tan fácilmente. Sé analítico y extremadamente crítico. Probablemente notes que cuando cambias a tripletas estás tocando demasiado rápido y cuando te mueves de nuevo a corcheas, caes un poco tarde.

Trabajar para lograr este nivel de precisión rítmica tiene un efecto enorme en nuestro sentido interno del tiempo. Estamos dividiendo un gran lapso de tiempo en nuestra cabeza, (los clics dos y cuatro lentos) y al mismo tiempo tenemos que controlar un cambio físico y mental entre tocar grupos pares e impares. Es como darle esteroides al "músculo" rítmico de tu cerebro.

Si actualmente no tienes un profesor de guitarra, intentar practicar con un amigo. En su defecto, grábate tan a menudo como puedas. Recuerda: ¡sé honesto acerca de tu exactitud! El trabajo duro aquí dará muchos frutos en el futuro.

Otro cambio común que vale la pena trabajar, es cambiar de tripletas a semicorcheas normales. Encontrarás muchos de los mismos problemas que en el ejemplo 18g, pero si has hecho bien el trabajo en el ejemplo 18f, puede que lo encuentres más fácil.

Ejemplo 18h:

Recuerda *disminuir* el tempo cuando los ejemplos comienzan a sentirse más fáciles.

En el ejemplo 18i nos centramos en movernos entre semicorcheas normales y tripletas de semicorchea. Esto puede ser un desafío debido a la velocidad. No hay que olvidar que un bpm de 35 en tu metrónomo genera un tempo de 70. Encuentra una velocidad que ponga juntas la técnica y el control rítmico.

Ejemplo 18i:

Combinaciones Rítmicas Extendidas

Para la prueba definitiva de tu control rítmico, trabaja en los ejemplos 18j y 18k

Ejemplo 18j:

Ejemplo 18k:

Ritmo Melódico

Aunque es genial practicar estos ejemplos en una nota para desarrollar un tiempo sólido, obviamente tenemos que ser capaces de aplicar estos ritmos en un contexto melódico. Ya sabes que diferentes combinaciones de dedos de la mano del diapasón tienen diferentes puntos débiles, por lo que es vital saber que podemos controlar el ritmo al tocar "de manera normal". Para practicar corcheas normales, vamos a utilizar una escala de La Mayor.

Ejemplo 19a:

Este enfoque funciona bien con todos los ritmos que hemos cubierto. Con el metrónomo en 30 bpm, y marcando en dos y en cuatro intenta tocar las ideas de 18a hasta 18f. Utiliza también cualquiera de los ejemplos de la sección de "punteo" de este libro. Los ejemplos de escalas, en particular, te servirán bastante.

Para practicar el cambio entre corcheas pares y tripletas, intenta el **ejemplo 19b**:

Al practicar de esta manera se pueden contextualizar los ritmos que has estado estudiando, aplicados en formas melódicas reales y útiles, y esto ayuda a interiorizar la información.

Riff - Solo - Riff

Una de las mejores maneras de practicar a "asegurar" el tiempo de una pieza es tocar un riff simple, con un ritmo de fondo de metrónomo en dos y en cuatro; y cambiar entre tocar compás de un riff y un compás de un solo improvisado.

La mayoría de las personas *piensan* que pueden tocar un poco de un blues. Las siguientes ideas realmente te permiten ver qué tan ajustado está tu tiempo. La primera vez que vi este ejemplo, quedé sorprendido por la cantidad de trabajo que aún tenía por hacer. Yo trabajo en ideas similares todos los días en mi práctica, y todavía los encuentro muy útiles.

 La clave de esto es empezar tocando solos *sumamente* sencillos.

He anotado una idea de blues *muy* simple en el ejemplo 20a. Gira en torno a una repetición de riff de blues en tripleta, que primero debes asegurarte de poder tocar dentro del tiempo. Antes de intentar los espacios de solo en tripleta, tu forma de tocar el ritmo debe ser perfecta. Cada vez que uses tu 3er dedo para tocar en el 4to traste, el metrónomo debe estar *perfectamente* sincronizado.

Ejemplo 20a:

(Notation is an example only. Not the recorded version)

(Notation is an example only. Not the recorded version)

(La notación es sólo un ejemplo; no corresponde a la versión grabada)

A medida que comiences a ajustarte al tiempo y a la sensación, empieza a añadir líneas de blues improvisadas en cada segundo compás. Un par de ideas pentatónicas menores se muestran en el ejemplo anterior. No es necesario aprender estas líneas, y no están tocadas como están escritas en el archivo de audio adjunto; simplemente improvisa durante unos pocos compases en tripletas y concéntrate en volver al riff de blues con *precisión* en el tiempo.

Siempre es interesante ver cuán difícil es esto para la mayoría de la gente. De repente veo estudiantes que *estaban* revoloteando alrededor del diapasón, y comienzan a tener dificultades para incluir incluso el más simple de los licks de blues menores pentatónicos. No te frustres si esto te sucede, míralo como una oportunidad para consolidar tu técnica y reconstruir a partir de bases rítmicas más fuertes. No se necesita *mucho* tiempo para construir hasta el nivel que estabas tocando antes, pero cuando llegues allí, todo lo que toques será mucho más preciso en el tiempo y eficaz.

Aquí hay una variación del ejemplo 20a, pero esta vez el riff es un claro patrón rítmico de guitarra rock. Te ayudará a practicar corcheas y semicorcheas pares, y tripletas de semicorchea.

Ejemplo 20b:

```
Solo Fill...
T
A    2-X-X-2-X-X-2~2-2      2-X-X
B    0-X-X-0-X-X-0~0-0      0-X-X
                    3
```

Como este es un poco más complejo, revisa el archivo de audio para escuchar el ritmo, si es necesario.

Cuando lo vayas logrando, intenta duplicar la cantidad de riff y de solo que tocas, como en el **ejemplo 20c**:

```
Solo Fill...
T
A    2-X-X-2-X-X-2~2-2      2-X-X | 2-X-X-2-X-X-2~2-2      2-X-X
B    0-X-X-0-X-X-0~0-0      0-X-X | 0-X-X-0-X-X-0~0-0      0-X-X
                    3                                  3
```

Nuno Bettencourt de *Extreme,* es un maestro de este tipo de idea de riff y espacio.

Una forma muy útil para probar tu control rítmico es tocar un bucle de una escala continua contra un clic del metrónomo en los tiempos de uno, dos, tres y cuatro; y programarlo para que esté en silencio en cualquier otro compás. No muchos metrónomos hacen esto, pero si tienes acceso a una secuencia como Pro Tools, Sibelius, Cubase o Garage Band, son muy fáciles de programar. Comienza con el tempo a 60 bpm y, a continuación, intenta subir y bajar por la siguiente idea de escala. **Ejemplo 20d:**

La idea es asegurar que tu ejecución se sincroniza perfectamente con el clic cuando se reanuda después del compás de silencio. Si te sientes valiente, puedes hacer el mismo ejemplo con el metrónomo sólo en los tiempos dos y cuatro antes de cada compás de silencio.

Prueba la idea anterior con tripletas, semicorcheas, tripletas de semicorchea o cualquier combinación de ritmos que puedas imaginar.

Combinaciones Rítmicas De Semicorchea

Los ritmos de este capítulo son el vocabulario esencial de cualquier guitarrista. Forman la base de miles de riffs de rock, pop y funk, y deberías ser capaz de tocarlos a la perfección. Son realmente esenciales para tu desarrollo técnico. Para aprenderlos, estudia los siguientes ejemplos. Presta especial atención al patrón de punteo:

Ejemplo 21a:

Obviamente, este ejemplo es un caso simple de punteo alternado continuo; sin embargo, lo remarco porque es la base de los tres ejemplos siguientes. Vamos a estudiar lo que sucede cuando empezamos a variar este ritmo al *omitir* algunas notas en cada grupo de cuatro notas. Estudia lo siguiente:

Ejemplo 21b:

En el ejemplo 21b, he juntado las dos primeras notas de cada cuatro en el primer compás. En términos musicales, esto significa tocar la primera nota, y mantenerla por el valor de la segunda.

En otras palabras, puntear la primera nota, sostenerla por el valor de la segunda y tu siguiente punteo es en la tercera nota.

Atar dos semicorcheas de esta manera les da el mismo valor que una corchea.

El segundo compás del ejemplo muestra *exactamente* el mismo ritmo que el primero, sólo está escrita de una manera más fácil de entender.

Ahora mira a las direcciones de punteo a lo largo de la línea. Como hemos eliminado la segunda nota del ritmo, simplemente eliminamos el segundo punteo, (el punteo hacia arriba) de la secuencia.

Al ejecutar el ritmo de esta manera tenemos un método extremadamente consistente para controlar nuestro tiempo. Escucha el ejemplo de audio para oír su ejecución.

De forma similar al ejemplo anterior, el ejemplo 21c junta la segunda y tercera nota de cada grupo de cuatro notas:

Ejemplo 21c:

Una vez más, el ritmo en el segundo compás es idéntico al del primero.

Toca esto omitiendo el tercer punteo, (hacia abajo) en cada grupo de cuatro. Toca al tiempo con el ejemplo de audio hasta que lo hayas interiorizado.

La última combinación se muestra en el **ejemplo 21d:**

Esta vez estamos omitiendo el último punteo de cada cuatro. Tu punteo será **"Abajo arriba abajo. Abajo arriba abajo".** Etcétera.

Ahora, vamos a tratar de combinar algunas de las posibilidades rítmicas de cada compás.

Ejemplo 22a:

He incluido una negra en el cuarto tiempo para darle a tu mano de punteo un pequeño descanso entre cada repetición.

Para tocar el ritmo anterior, fragmenta cada compás en su patrón de punteo individual:

Abajo. Abajo Arriba

Abajo arriba. Abajo

Abajo arriba. Arriba

Abajo

Di los ritmos anteriores en voz alta y en el tiempo correcto, con un clic en 60 bpm para interiorizar cada uno antes de tocarlo. Además, escucha el ejemplo de audio como ayuda.

Prueba el mismo ritmo con algunos acordes de quinta (power chords) silenciados: ¡Suena como Metallica!

Ejemplo 22b:

Éstos son algunos otros ritmos para que sigas; todos ellos funcionan muy bien como patrones ritmo de funk, rock o fusión.

Ejemplo 22c:

60

Ejemplo 22d:

Ejemplo 22e:

Como con el ejemplo 22b, trata de hacer riffs o solos en cada línea. Podrías, por ejemplo, intentar hacer escalas, intervalos, tripletas o arpegios con los ritmos de esta sección. Aquí hay un ejemplo que usa el ritmo del ejemplo 22a con una escala de La Mayor ascendente sencilla:

Ejemplo 22f:

Este es un gran ejemplo porque si aplicas *punteo economizador* a la línea, se rompe la regla de "abajo arriba abajo arriba" de este capítulo, cuando cambias de cuerda. Aplicando punteo economizador al ejemplo, vas a trabajar en tu reloj interno y no *se basa* en el punteo para ejecutar la línea correctamente.

Legato

Legato significa "de una manera suave y fluida". En la música, esto significa ligar una nota con la siguiente sin una brecha o un ataque discernible entre notas sucesivas.

El legato en la guitarra por lo general se maneja de tres formas;

Ligados ascendentes con la mano izquierda (hammer-ons)

Ligados descendentes con la mano izquierda (pull-offs)

Tapping con la mano Derecha

En esta sección se examinan los *ligados ascendentes, ligados descendentes* y los desafíos rítmicos únicos que representan, debido a la fisiología natural de nuestras manos.

El legato es una técnica esencial en la guitarra, ya que no sólo reduce la percusión de la púa sobre las cuerdas, sino que también puede permitir que toquemos muy rápidamente al remover uno de los principales obstáculos de la velocidad: el punteo. El reto, sin embargo, es tocar grupos rítmicos con *precisión*. Esta precisión rítmica es mucho más difícil al tocar con legato por dos razones principales:

Ya no podemos confiar en la púa para "mantener el tiempo" por nosotros.

Las notas secuenciales en la misma cuerda se pueden chocar rápidamente entre sí, y los punteos de cambio de cuerda pueden quedarse retardados.

La razón de que las notas se puedan chocar rápidamente entre sí, es en gran parte la fisiología de nuestras manos. Si das golpes suaves con tus dedos sobre una mesa, no hay una tendencia natural para que caigan en corcheas o semicorcheas perfectas, (por ejemplo). Esta "tendencia a moverse juntos" de los dedos es lo que debemos controlar al comenzar a trabajar en un estilo de legato sólido.

Ejemplos Básicos

Comencemos examinando los ligados ascendentes.

Notación:

> = Puntear

⌒ = Ligar (Ligado ascendente o descendente)

Ejemplo 23a:

Comienza con tu 1er dedo tocando el 5to traste en la cuerda de Si. Puntea con fuerza y luego clava tu 2do dedo hacia abajo en el 6to traste. Asegúrate que el 1er dedo permanezca abajo. Ahora clava tu 4to dedo en el 8vo traste, manteniendo su 2do dedo en el 6to traste.

Escucha el ejemplo de audio para oír lo claro que debe sonar. Durante la práctica de las ideas de este capítulo, no utilices la distorsión del amplificador, porque esta ayuda a comprimir el sonido y oculta todos los errores o debilidades que tengas.

Podemos revertir esta idea para practicar ligados descendentes:

Ejemplo 23b:

Esta vez, comienza con *todos los tres* dedos en la cuerda de Si. Puntea la primera nota y luego retira los dedos con un movimiento rápido hacia abajo de las cuerdas para hacer sonar cada nota sucesiva. Haz hincapié en *el volumen* y *la fuerza*. Si accidentalmente haces sonar la cuerda adyacente con tu ligado descendente no te preocupes por el momento, éste se hará más claro por sí solo a medida que desarrolles mayor control.

Vamos a combinar los dos ejemplos anteriores:

Ejemplo 23c:

Una vez más, solamente puntea la primera nota y concéntrate en el volumen y la potencia. Asegúrate de que tus dedos estén doblados y que estás tocando justo con la punta de los dedos. Cualquier ruido procedente de la primera cuerda adyacente debe ser silenciado por la yema del primer dedo al sostenerlo en el 5to traste.

Cuando puedas tocar el ejemplo anterior 8 veces, intenta hacer un bucle de la siguiente manera:

Ejemplo 23d:

Sólo puntea la primera nota una vez, sin importar cuantas repeticiones puedas hacer. Trata de mantener el impulso con la fuerza de tu mano izquierda.

Realiza este ejercicio en otras cuerdas y otras posiciones. El espaciado entre los trastes disminuye a medida que se asciende por el mástil, lo que puede hacer que la posición de la mano cambie. Además, intenta el mismo ejemplo tocando tripletas o semicorcheas:

El ejemplo 23e es excelente para desarrollar control en la mano del diapasón.

Ejemplo 23e:

Por ahora, tu objetivo debe ser tocar el ejemplo 23e a 60 bpm. Si puedes ir más rápido, es genial, pero escucha los espacios *entre* las notas para asegurarte de que no se están apresurando o cayendo detrás del golpe.

Intenta bajar el ejemplo anterior a 35 bpm. Tendrás que controlar tus dedos muy bien para mantener las notas parejas.

Legato Con Los Cuatro Dedos

El siguiente ejemplo desarrolla el control de los cuatro dedos de la mano del diapasón. Como siempre, solamente puntea la primera nota de cada grupo.

Ejemplo 24a:

Intenta el ejemplo anterior a 50 bpm. Asegúrate de que todos los ligados ascendentes se acentúen en el golpe.

Una vez más, mueve este ejemplo a diferentes cuerdas y trastes. Prueba el ejemplo en los trastes 1-4 y notarás una gran diferencia en el nivel de dificultad.

Ahora vuelve atrás e intenta algunos de los ejemplos de permutación en la página 8. Esta vez, por supuesto, sólo debes puntear la primera nota de cada cuerda. Aquí hay un ejemplo:

Ejemplo 24b:

La mayoría de los ejercicios de la sección de punteo de este libro se pueden volver a escribir como entrenamientos de legato, así que sé creativo en tu práctica.

Uno de los ejemplos más útiles para la fuerza en los dedos, que vale la pena revisar, es el de la página 14. Aquí está escrito como un ejemplo de legato.

Ejemplo 24c:

Observa que sólo se puntea la primera nota de cada cuerda. Trata de tocar este ejemplo a 80 bpm.

Como siempre, si sientes algún dolor o molestia, detente inmediatamente y consulta a un médico.

Velocidad En La Mano Del Diapasón

El truco para el desarrollo de la velocidad en legato es hacerlo en pequeñas ráfagas. En vez de ir "con todo" para tocar lo más rápido posible, durante el mayor tiempo posible; implementa la velocidad en tu interpretación en tramos cortos. Prueba este ejemplo con el tempo ajustado a 100 bpm.

Ejemplo 25a:

Para mantener el ritmo uniforme, concéntrate en asegurar que cada nota en el 7mo traste caiga en el clic.

Sigue aumentando la velocidad en incrementos de 8 bpm. Acelerando de la siguiente manera:

1) Ajusta el metrónomo en 100 bpm, (en este caso) y grábate tocando el ejemplo cuatro veces.

2) Escucha o mira tu grabación. Si las notas se espacian uniformemente a través del compás, aumenta el metrónomo en 8 bpm. Aquí es importante que seas honesto contigo mismo.

3) Si llegas a 140 bpm, reduce a la mitad la velocidad del metrónomo, a 70, y **duplica** la velocidad de tus notas, de manera que ahora estarás tocando semicorcheas.

4) Repite los pasos uno y dos hasta que encuentres un punto en el que estés, ya sea con dificultades para tocar el ejemplo, o el ritmo comienza a descomponerse.

5) Reduce la velocidad del metrónomo en un 20% y *saca aparte la sección específica del ejemplo que no puedes hacer*. Sea lo que sea, aíslalo y practica esa parte solamente.

6) Aumenta la velocidad del metrónomo en **40 bpm** y sigue tocando *sólo la parte del ejercicio con la que tienes dificultad*. Esto debe ser casi imposible, pero trata de hacerlo un par de veces. **No te preocupes por el tiempo perfecto, sólo apúntale a los clics del metrónomo.**

7) Ahora trata de completar el ciclo completo de las notas en el ejemplo anterior a la velocidad más alta. Esto será casi imposible, pero inténtalo un par de veces, incluso si no lo logras.

8) Por último, ajusta el metrónomo 5 bpm por debajo de donde en un inicio te quedaste atascado y continúa con el ejemplo, aumentando de a 8 bpm cada vez.

El método anterior debe resolver la mayoría de los "grandes obstáculos" de la técnica.

Velocidad Al Cambiar De Cuerdas

Los ejemplos de este capítulo desarrollan la velocidad y la coordinación de los cambios de cuerda al tocar con legato.

A lo largo de los ejemplos, puntea sólo la primera nota en cada nueva cuerda. Además, omite el primer punteo en cada repetición posterior del ejemplo, pues ya se ha punteado la primera nota en esa cuerda al final de la segunda barra.

Repite cada ejemplo tantas veces como sea posible con el metrónomo en 80 bpm

Ejemplo 25b:

Ejemplo 25c:

Ejemplo 25d:

Rotaciones Con Legato

En este capítulo revisamos los ejemplos de punteo de los ejemplos 7a - 7h. Esta vez, sin embargo, los vamos a utilizar como ejemplos de legato para asegurar que nuestros dedos puedan controlar las divisiones rítmicas perfectamente desde cualquier punto en la rotación. Para comenzar miremos como *fue* el ejemplo 7a:

Ejemplo 26a:

Como puedes ver, la mayoría de los punteos se han eliminado. Todavía estamos obedeciendo las "reglas" del punteo economizador, y sólo punteamos cuando cambiamos de cuerda.

Como se mencionó anteriormente, la tendencia con el legato es a *amontonar juntas* las notas que se tocan consecutivamente en la misma cuerda, y caer ligeramente tarde al cambiar de cuerda. Por ejemplo, en el ejemplo anterior yo esperaría que los estudiantes se apresuren en '8, 6, 5,' y '5, 6, 8' y caigan fuera de tiempo al cambiar de cuerda.

Este no es siempre el caso, pero parece aplicar para alrededor del 90% de los estudiantes.

Ajusta el metrónomo en 50 bpm y toca con precisión todo el ejemplo anterior. Puntea sólo en los cambios de cuerda y *escucha con atención cómo tus notas se sincronizan con el metrónomo.* Tocar lentamente este ejemplo en un principio aumenta tu percepción del ritmo en relación con el pulso.

Escuchar es la parte más importante de este ejemplo. Revisa el ejemplo de audio y escucha cómo puedo sincronizar con el clic.

Para corregir las tendencias fisiológicas naturales de apresurarse en los ligados ascendentes y descendentes, es muy importante considerar este ejemplo como una rotación, y comenzar desde cada nota de la secuencia como lo hicimos en el capítulo de punteo.

La segunda rotación supone un reto:

Ejemplo 26b:

Esta es la misma secuencia de notas que en el ejemplo 26a. Esta vez, sin embargo, estamos comenzando desde la segunda nota de la secuencia.

Tu 4to dedo toca la primera nota en el golpe 1, (8). Cuando tocas de nuevo después de la repetición, es precedida por una nota, (5), en la cuerda por encima de ella. Este cambio desde el golpe "cuatro-&" al golpe uno, es una de las debilidades más comunes que veo en los estudiantes. Aprender a controlar un cambio de cuerda desde una cuerda superior a una inferior, y a la vez caer en el golpe con su 4to dedo, es una lección *esencial* en cuanto a mantener el tiempo en el legato.

Uno de los principales factores que hacen difícil el ejemplo es que tienes dos punteos juntos, apretados entre una sección de legato.

Toca el ejemplo a partir de los 50 bpm y gradualmente reduce la velocidad del metrónomo en 5 bpm cada vez que empieces a ser preciso con tu tiempo. A medida que disminuye la velocidad vas a desarrollar más y más control.

Cuando puedas tocar el ejemplo a 30 bpm, comienza acelerar el metrónomo de la forma habitual.

Prácticamente cada rotación de este ejemplo lanza un nuevo desafío técnico. Todos ellos se centran en controlar tu ritmo a medida que intercambias entre el punteo y el legato durante los cambios de cuerda.

La serie completa de rotaciones para este ejemplo es como sigue:

Ejemplo 26a:

Ejemplo 26b:

Ejemplo 26c:

Ejemplo 26d:

Ejemplo 26e:

Ejemplo 26f:

Ejemplo 26g:

Ejemplo 26h:

Estos ejemplos parecen engañosamente simples. ¡Pero no lo son! Cada uno contiene un desafío único.

En particular, estudia:

Ejemplo 26b: Meñique en el golpe.

Ejemplo 26d: Tres punteos juntos.

Ejemplo 26b: Meñique en el golpe.

Ejemplo 26g: Golpe uno en medio de una secuencia de legato.

Ejemplo 26h: Cambios rápidos entre los dedos 1 y 4 en diferentes cuerdas. Tres punteos juntos.

Trabaja despacio, pero cuando te sientas seguro de tu ritmo y tu tiempo, aumenta el metrónomo en 8 bpm. Utiliza los métodos de aceleración mostrados anteriormente en este libro si te quedas atascado. Al llegar a 120 bpm, ajusta el metrónomo en 60 bpm y continúa las semicorcheas:

Ejemplo 26a (interpretado como semicorcheas):

Puede parecer una tontería, pero la herramienta más poderosa que tienes al trabajar en estos ejemplos es tu pie. **Siempre** marca con el pie para ayudarte a colocar las notas en el golpe, sobre todo cuando estás tocando a velocidades más altas.

Practica esto con los otros bucles de escala comunes de la sección de punteo de este libro.

Ejemplo 27a:

Ejemplo 27b:

El mismo criterio se aplica a las rotaciones con tripletas de semicorcheas que ya has estudiado. Sólo se muestra la primera rotación de cada ejemplo:

Ejemplo 28a:

Ejemplo 28b:

Ejemplo 28c:

Ejemplo 28d:

Ejemplo 28e:

Recuerda, siempre puedes agregar obstáculos para ayudar a acelerar, como se muestra en la página 38.

Legato Con Cuerdas Abiertas

El legato, con ligados descendentes para abrir las cuerdas, es una técnica común y útil. Se emplea con gran éxito por muchos guitarristas. Un ejemplo fantástico es *Summer Song* de Joe Satriani, alrededor del minuto 1:55.

Para trabajar en nuestra técnica, vamos a echar un vistazo a la introducción de una famosa canción de rock. Angus Young generalmente toca todo esto con punteo, pero es un gran entrenamiento, y bastante divertido, como un ejemplo de legato.

Ejemplo 29a:

Los desafíos en el ejemplo anterior se encuentran en dos áreas:

Accidentalmente hacer sonar la primera cuerda cuando haces un ligado descendente,

Desarrollar la fuerza con la combinación del 1er y 4to dedo.

Como estamos tratando esto como un ejemplo de legato, quiero que puntees sólo la primera nota de la secuencia; la cuerda de Si abierta. A partir de ese momento, cada nota debe ser martillada desde "la nada" por la mano izquierda o soltada de nuevo hacia la cuerda al aire.

Al principio, está bien sacrificar precisión por fuerza si nunca has tocado en este estilo antes. Puede que tengas que clavar el dedo más fuertemente de lo que crees. Cada martilleo debe ser tan fuerte como el punteo inicial.

Cuando sueltes la cuerda, realmente ponle energía. Puede que le des a la cuerda de Mi abierta al principio, pero por ahora, la fuerza y el volumen son más importantes.

Trabaja en la construcción de velocidad y resistencia durante un período de unos cuantos días. A medida que vayas desarrollando fuerza de esta manera, concéntrate en hacer más pequeños los movimientos de los dedos, a la vez que mantienes el volumen de cada nota.

Recuerda que cada nota de legato debe sonar tan fuerte como el punteo inicial.

Si continuamente le sigues dando a la cuerda de Mi por accidente, trata de girar tu mano del diapasón muy ligeramente alrededor del mástil, de forma que tus dedos se mueven hacia ti. **El *lado* de tu dedo índice debe estar siempre en ligero contacto con la parte inferior del mástil. Si lo haces correctamente, la carne del dedo índice se pondrá en contacto con la cuerda de Mi alta y la mantendrá silenciada.**

Cuando estés listo, añade un poco de distorsión y concéntrate en mantener cada nota clara.

La siguiente parte de la introducción te pone a prueba al saltar alrededor del mástil un poco más:

Ejemplo 29b:

```
    3   1   1   2   1   1   3   1      2   1   Etc...
0 | 12-0-10-0-9-0-10-0-9-0-5-0-7-0-4-0 | 5-0-4-0-5-0-4-0-5-0-4-0-5-0-4-0
```

```
  12-0-10-0-9-0-10-0-9-0-5-0-7-0-4-0 | 5-0-4-0-5-0-4-0-5-0-4-0-5-0-4-0
```

Esta parte de la canción te da la oportunidad de trabajar en la fuerza y la precisión de tu 1er y 2do dedo sobre intervalos más largos. Abórdalo de la misma manera que lo hiciste en ejemplo 29a.

El siguiente ejemplo, utiliza la *escala de blues de Sol menor* y es ideal para combinar punteos en cuerda abierta con ligados descendentes en cuerda abierta. Presta especial atención al punteo. Las notas punteadas crean una sensación poli-rítmica a través de la articulación de ciertas notas.

Esto suena excelente cuando lo haces rápido.

Ejemplo 29c:

Mira si puedes continuarlo en la segunda octava.

Una extensión del ejemplo anterior podría implicar ligados descendentes dobles, para un efecto aún más po-li-rítmico, al estilo Joe Satriani:

Ejemplo 29d:

Usando Escalas De Dos y Tres Notas Por Cuerda

Antes de examinar la aplicación del legato "clásico" de tres notas por cuerda popularizado en los años 70 y 80, creo que es importante echar un vistazo a las formas de *escala* modal que utilizan combinaciones tanto de dos como de tres notas por cuerda. Al aprender las digitaciones de legato través de escalas con diferente número de notas en cada cuerda, mejorarás rápidamente el control rítmico de tu mano del diapasón. Recuerda que ciertas combinaciones de dedos serán más fuertes que otras y que la tendencia será a apresurarse en los grupos de tres notas y caer fuera de tiempo en los técnicamente más desafiantes grupos de dos notas.

Comienza memorizando cada forma como una entidad separada antes de usar el metrónomo. Comienza a cualquier velocidad en que te sientas cómodo, normalmente alrededor de 60 bpm si estás tocando semicorcheas y no te preocupes demasiado por digitaciones específicas de las escalas.

Trabaja en una sola forma de escala a la vez, por ejemplo, durante la primera semana puedes trabajar en forma 1, en la segunda semana, la forma 2, etc.

La primera etapa es ascender y descender con confianza cada forma con un *buen ritmo*. Puntea sólo la primera nota en cada cuerda, debes ser capaz de ejecutar estas formas en semicorcheas sin *ninguna* desviación rítmica a medida que cambias de un grupo de dos a uno de tres notas entre cuerdas. Para asegurarte de esto, intenta tocar las formas en corcheas a 40 bpm.

Las siguientes escalas están escritas como modos de Sol Mayor.

Ejemplo 30a: Forma 1

Ejemplo 30b: Forma 2

Ejemplo 30c: Forma 3

Ejemplo 30d: Forma 4

Ejemplo 30e: Forma 5

A medida que comiences a desarrollar control a través de las seis cuerdas, trata de aplicar algunos de los ejemplos de punteo de la página 30.

Escalas De Tres Notas Por Cuerda

Probablemente ya sepas que las escalas del capítulo anterior se pueden organizar como siete formas de tres notas por cada cuerda. Estas se utilizan comúnmente para ejecuciones rápidas de tripletas de semicorcheas, aunque deberías aprenderlas como semicorcheas normales para desarrollar aún más control en tu mano del diapasón. Aquí están algunas de las formas de escala de tres notas por cuerda más comúnmente utilizadas. *Estas no están incluidas como ejemplos de audio:*

Ejemplo 31a:

Ejemplo 31b:

Ejemplo 31c:

Ejemplo 31d:

Ejemplo 31e:

Ejemplo 31f:

Ejemplo 31g:

Estos patrones se deben aprender en la misma forma que en las secciones anteriores. Esfuérzate por la perfección rítmica y notas claras y fuertes, a la vez que exploras saltos de intervalos, patrones de escalas, tríadas y arpegios. El siguiente capítulo trata sobre algunos patrones comunes de tres notas por cuerda y licks que debes experimentar.

Patrones y Fragmentos De Tres Notas Por Cuerda

Si escuchas la mayoría de los guitarristas "shred" la década de los '80, una gran parte de las ejecuciones rápidas que tocan se derivan de los patrones de tres notas por cuerda. Algunas de estas ideas suenan un poco anticuadas actualmente, pero constituyen una parte importante del vocabulario de la guitarra rock que debes conocer. Estos patrones son prácticamente ilimitados, pero la mayoría de ellos se basan en una digitación consistente y simple, y en un fraseo rítmico regular. En el pasado, cuando he transcrito estas ideas, si he hallado algo muy difícil de tocar, ha sido normalmente porque he estado tocando en la posición equivocada en la guitarra.

Mientras que la mayoría del mástil está cubierta por *cómodos* patrones de tres notas por cuerda, algunos patrones pueden ser extremadamente difíciles de digitar entre cuerdas o en los cambios de posición.

Mi consejo por ahora es que cuando vayas a aplicar algunos de los siguientes patrones, si encuentras un área del mástil en la que es particularmente difícil de tocar, ¡evítala y toca en otro lugar!

Éstos son algunos patrones de legato (o punteo) útiles que debes saber. He escrito la esencia de la idea, pero será más provechoso para ti si aprendes a aplicar cada idea en un lugar diferente del mástil por ti mismo.

Ejemplo 32a:

Ejemplo 32b:

Ejemplo 32c:

Ejemplo 32d:

Ejemplo 32e:

Ejemplo 32f:

Ejemplo 32g:

Ejemplo 32h:

Legato En Una Cuerda

Ascender o descender por el mástil utilizando patrones de legato en cuerdas independientes es una herramienta vital que ayuda a la continuidad melódica de una idea. Es una herramienta muy útil para los cambios de posición y ayuda a crear esas líneas modernas que parecen siempre estar ascendiendo.

El truco aquí es considerar seriamente los dedos con los que cambiamos de posición. En los siguientes ejemplos, presta especial atención a la digitación anotada. Además, una parte vital del ejemplo es mantener el sonido resonando mientras deslizas entre posiciones. Mantén un contacto firme entre la punta del dedo y la cuerda, y haz el deslizamiento tan fuerte como puedas.

Ejemplo 33a:

Ejemplo 33b:

Ejemplo 33c:

Ejemplo 33d:

Prueba estos ejemplos en cada cuerda para asegurarte de que puedes hacerlo sin chocar con las adyacentes. Además, estos ejemplos están escritos en clave de Sol. Inténtalos en otras claves; tantas como puedas.

Técnicas Expresivas

Esta sección se remonta a la premisa de que *uno es lo que practica*. Si solamente tocas ejemplos, tu música se va a sentir fría y rígida. El público responde con mayor intensidad a las emociones y las sensaciones de la música, que a los destellos de pura destreza técnica[5], así que transmitir la pasión y la energía que sientes es esencial.

Por supuesto, esto es una cosa difícil de enseñar; ¡no puedo llegar al fondo de tu alma y sacar tus sentimientos! Lo que te puedo mostrar aquí son las técnicas musicales que a menudo van de la mano con la interpretación más emotiva.

Recuerda que los guitarristas más emotivos (en mi parecer por lo menos), no son los que tocan todo a la perfección desde el punto de vista técnico. Sino los que le ponen corazón y alma a la música. La escasa falla técnica es más que compensada con un uso juicioso de dinámica y fraseo.

Una vez más, *¿cuánta técnica necesitas*? ¿No crees que deberías invertir tu tiempo en hacer que tu música conecte con tu público?

---

5. Aunque las dos cosas no se excluyen mutuamente

Vibrato

En mi opinión, el vibrato es uno de los dos efectos expresivos más importantes. Le da a tus frases una calidad vocal y hace que tu música cante. Hay muchos tipos, pero aquí nos centraremos sólo en dos, *axial* y *radial*.

El vibrato axial ocurre cuando tiras rápida y repetidamente de la cuerda un poco hacia el sostenido de la nota correspondiente, *paralelamente* a la cuerda de la guitarra.

El vibrato radial es más similar a hacer un bend; la muñeca se mueve en una dirección perpendicular a la cuerda de la guitarra, utilizando un dedo como pivote en la parte inferior del mástil. Esto es más difícil, pero da resultados muy valiosos.

Vibrato Axial

Para crear vibrato axial, simplemente presiona firmemente una nota pulsada y, asegurándote de que tu muñeca esté relajada, mueve la muñeca rápidamente hacia atrás y hacia delante en paralelo al mástil. A menudo, el pulgar se soltará rápidamente de la parte posterior del mástil para ayudar a la velocidad del movimiento de la muñeca. Este movimiento, combinado con la presión que colocas con la punta del dedo, tira repetidamente la cuerda ligeramente hacia el sostenido de la nota correspondiente antes de soltarla. Ésta es una técnica fácil para añadir vitalidad y dinamismo a tu música cada vez que hay una nota más larga y sostenida.

Este es un efecto sutil, y es importante practicarlo con cada dedo de la mano del diapasón. En realidad, es mucho más difícil de producir buen vibrato con el 4to dedo que con el 1er.

Aquí hay un ejercicio para desarrollar un buen vibrato axial:

Ejemplo 34a: Vibrato axial

Recuerda que debes intentar quitar el dedo pulgar de la parte posterior del mástil para que la muñeca se mueva rápidamente y de manera uniforme hacia atrás y hacia adelante.

Además, intenta moverte de vibrato lento a rápido, y luego volver al lento para un efecto adicional. Esto se demuestra en ejemplo de audio 34a parte 2.

Prueba el ejemplo anterior, en diferentes partes del mástil y en diferentes cuerdas. Verás que se sienten diferentes y requieren diferentes tipos de control.

Añade este tipo de vibrato a cualquier frase musical o lick que conozcas. Ten en cuenta el tempo y el patrón rítmico de la canción; es posible que quieras sincronizar el vibrato en corcheas, semicorcheas o fusas.

Vibrato Radial

El vibrato radial es una técnica más difícil; crea un vibrato *mucho* más amplio, que a menudo puede ser de hasta un tono de amplitud. Algunos guitarristas llegan incluso a agregar vibrato de un tono y medio de amplitud cuando tocan hard rock y fusión.

Con el vibrato radial debemos alterar en gran medida la posición de la mano en el mástil para que podamos *hacer un bend* en la nota deseada, hacia arriba y abajo rápidamente. Esto implica el uso de la parte *exterior* del dedo en la cuerda, (de modo que tus uñas apuntan en dirección del mástil hacia tu cuerpo), y utilizando el primer dedo como una palanca o *pivote* contra la cara inferior del mástil para ayudar a hacer bends rápidos y repetidos.

Imagínate girando la perilla de la puerta, o la Reina de Inglaterra saludando con la mano, y tendrás la idea.

El vibrato radial es una técnica individual que tiende a ser única para cada guitarrista, sin embargo voy a describir el método que me da los mejores resultados. Es posible que desees modificar los siguientes pasos que aplican vibrato en el 1er dedo como mejor te parezca. El objetivo final es lograr la capacidad de ejecutar vibrato de *un tono de amplitud* con *cada* dedo de la mano del diapasón.

1) Escucha y mantén la nota deseada. Trata tocando el 7mo traste en la 3ra cuerda, con tu dedo índice.

2) Gira la muñeca *hacia afuera*, de forma que en vez de tocar a la nota con la punta del dedo, toques con el lado. Empujar el codo hacia fuera (aparte de ti), también ayudará.

3) La uña de tu dedo índice ahora debe estar apuntando a lo largo de la cuerda hacia tu cuerpo.

4) Empuja el índice hacia arriba, de modo que toque la parte inferior del mástil. Debe conectarse con el mástil justo debajo del nudillo en la primera de tus tres falanges del dedo. (La más cercana a la palma de la mano)

5) Deja que el pulgar se deslice hacia la parte superior del mástil y relaja la muñeca, así los dedos que no se usan caen y se abren en abanico ligeramente.

6) Usando índice ya colocado como pivote, gira la muñeca *hacia fuera* para hacer un bend en la cuerda hacia abajo, hacia el suelo, halándola ligeramente fuerte.

7) Relaja la presión de la muñeca y de la mano para dejar que la cuerda vuelva de nuevo a su posición inicial.

8) Repite tantas veces como puedas.

Al principio no moverás la cuerda muy lejos y puede que tengas irritación en la parte lateral del dedo muy pronto. Cuando esto ocurra, toma un descanso.

A medida que te haces más fuerte y la piel se vuelve más dura, serás capaz de mover la cuerda más lejos y más rápidamente. La clave de todo esto, es utilizar siempre el *lado* del dedo, y siempre tener un dedo pivotante bajo el mástil.

Me gusta construir redundancia en mi forma de tocar, así que me paso el tiempo practicando la aplicación de bends mucho más amplios de lo que haría en realidad. Si puedes trabajarlos hasta llegar a un vibrato de un tono y medio, entonces lo estás haciendo muy bien. En mi forma de tocar, normalmente utilizo un semitono.

Los siguientes ejemplos te ayudarán a desarrollar fuerza, profundidad y velocidad en el vibrato, en todos los dedos.

Ejemplo 34b: 1er dedo (índice)

Ejemplo 34c: 2do dedo.

Ejemplo 34d: 3er dedo.

Ejemplo 34e: 4to dedo (meñique).

* Es difícil e inusual colocar el 4to dedo de lado de la misma manera que los otros dedos. De todas formas debes girarlo un poco, pero usa los otros dedos colocados en la cuerda detrás de él para agregar fuerza y apoyo.

El vibrato es una técnica difícil que puede tomar más tiempo para desarrollarse que las otras habilidades de este libro. Trata de pasar cinco minutos todos los días trabajando en tu profundidad, velocidad y coordinación con cada dedo.

Prueba las ideas en esta sección en diferentes grupos de cuerdas, y en diferentes posiciones en la guitarra. El vibrato es mucho más difícil hacia los trastes más bajos.

Bending

Aplicar bending a las notas con la entonación perfecta es probablemente la habilidad que realmente diferencia a los profesionales de los aficionados. Aparte de un buen ritmo, la entonación perfecta es la principal prioridad que doy a mis alumnos cuando empiezan a tocar la guitarra rock, porque nada arruina un solo más de un bend fuera de tono.

Una vez más, es vital que aprendamos a aplicar bends con precisión con cada dedo, y tus dedos 2do, 3ro y 4to deben ser capaces de ejecutar bends de hasta *un tono y medio*.

Para aplicar bend a una nota en la guitarra, siempre debes apoyar el dedo que hace el bend en cualquier dedo libre atrás de él. En otras palabras, si estás haciendo bend en una nota en la 3ra cuerda, 7mo traste, con tu 3er dedo, el 2do dedo (e incluso también el 1ro) también debe estar en la cuerda para dar fuerza y control.

La idea detrás de todos los ejemplos de este capítulo es tocar una nota de referencia, descender por la cuerda unos cuantos trastes, y luego aplicar bend para alcanzar de nuevo la nota de referencia. Trata esto como un ejemplo sonoro; buscas que la nota que haces con bend suene exactamente igual que el tono de referencia.

Prueba los siguientes tres ejemplos con diferentes dedos en cada bend. Realiza cada línea de cuatro veces, la primera vez haz el bend con el primer dedo, luego el segundo etc. Cuando estés en la línea tres, no te preocupes por hacer el bend con el 1er dedo.

Ejemplo 35a: bends de un semitono.

Ejemplo 35b: bends de un tono.

Ejemplo 35c: bends de un tono y medio.

Comienza los ejemplos haciendo bending muy lentamente hacia el tono, esto te dará tiempo para *escuchar* si estás en el tono. También desarrolla control y fuerza en los dedos de la mano del diapasón.

Poco a poco, aumenta la velocidad a la que haces el bend para alcanzar la nota. Si puedes lograrlo a la perfección con un bend inmediato y rápido, ya sabes que lo tienes.

Pre-bends

Un pre-bend es esencialmente una bend invertido. Aplica bend a la nota en el tono deseado antes de puntear y suelta el bend. La notación de los pre-bends es como sigue:

Para practicar esta técnica extremadamente expresiva, vuelve a los ejemplos 35a – c y modifícalos para incluir pre-bends de la siguiente manera:

Ejemplo 35d: Pre-bends de un semitono.

Haz esto con todos los dedos y en todas las amplitudes de bending.

Bends Unísonos

Los bends unísonos ocurren cuando tocas dos notas juntas en cuerdas adyacentes. A la nota más alta normalmente no se le hace bend, mientras que a la nota inferior sí se le aplica para que suene idéntica a la nota superior. Jimi Hendrix y Jimi Page usaron esta técnica de forma excelente.

Estos bends son bastante difíciles de ejecutar en una guitarra de trémolo Floyd Rose y siempre estará ligeramente fuera de tono debido a la naturaleza misma del mecanismo, pero con un poco de vibrato, los errores de entonación pueden ser ligeramente cubiertos.

Un bend unísono se anota de esta manera:

Ejemplo 35e: Bends unísonos.

Prueba los siguientes ejemplos para desarrollar control y precisión:

Ejemplo 35f: Bends unísonos ascendentes

Bends De Dos Tiempos

Un tiempo doble es simplemente el acto de tocar dos notas al mismo tiempo. Un bend de dos tiempos ocurre cuando aplicas bend a las dos notas. Esta es una técnica muy común en el blues y el rock.

Para tocar un bend de dos tiempos, coloca el dedo acostado, como se describe en la sección de vibrato, con la uña apuntando hacia ti. Sin embargo, esta vez, pon tu dedo en barra a lo largo de dos cuerdas adyacentes. Para hacer el bend, gira la muñeca de la misma manera que en el vibrato, pero hazlo sólo una vez y despacio a medida que punteas ambas cuerdas. Esto se muestra en el siguiente ejemplo:

Ejemplo 35g: Bend de dos tiempos

Intenta hacerlos por todo el mástil.

Llenando Los Espacios

Cuando tocamos un solo, es normal y deseable liderar el inicio y el final de una frase sutilmente[6] con las técnicas descritas en este capítulo.

Lentamente, y con confianza, di la palabra "Hey" en voz alta; que salga de tu pecho. Observa cómo la "H" toma unos pocos milisegundos para formarse en el pecho y la garganta antes de que el sonido salga de la boca. Además, si estás en un espacio en silencio, escucha con atención el final de la nota; no termina de inmediato pues el sonido rebota por toda la habitación.

Esos son los fenómenos naturales que buscamos recrear con cada frase que tocamos en la guitarra. Al hacerlo, le darás a tus frases una calidad musical vocal, que te diferenciará del resto de guitarristas.

Para fluir en las líneas, es común deslizar desde abajo hacia la primera nota de la frase. Estudia esta línea de mi libro **El Sistema CAGED y 100 Licks Para Guitarra Blues**.

Ejemplo 36a:

El anterior lick de blues en "La" está escrito y tocado sin adornos. Vamos a usarlo como un herramienta de trabajo para describir las técnicas de este capítulo, así que apréndelo completo.

Vamos a abordar la primera nota con un pequeño desliz desde abajo. Pon tu dedo sobre la cuerda en el 8vo traste, y desliza rápidamente hacia la primera nota del lick. Esta idea se repite en el golpe cuatro del segundo compás, deslizándose hacia el noveno traste en el **ejemplo 36b**:

---

6. ¡O no tan sutilmente!

Experimenta con deslizamientos hacia la primera nota desde más lejos para un efecto más pronunciado. Por ejemplo:

Ejemplo 36c:

A menudo, deslizarse hacia una nota de esta manera, se anota como una línea inclinada hacia la primera nota de la frase.

Para imitar el eco, podemos deslizar hacia atrás desde la nota al final de cada frase. Esto es esencialmente lo contrario al deslizamiento hacia adelante pero se debe desvanecer la nota correctamente. Es una técnica sutil, donde se reduce gradualmente la presión del dedo en la cuerda durante el deslizamiento.

La mejor manera de practicar esto es tocar una sola nota en el traste 12, y deslizar rápidamente hacia la cejilla. Pronto encontrarás la manera de "terminar" la nota antes de llegar a la cuerda abierta.

La frase de ejemplo ahora suena así:

Ejemplo 36d:

Normalmente suena muy bien agregar un vibrato amplio antes de deslizarse hacia atrás al final de una frase:

Ejemplo 36e:

Si tienes una barra del trémolo en tu guitarra, trata de deslizar hacia atrás al final de la frase hasta la cuerda abierta, (no dejes que termine el sostenido de la nota). A la vez que dejas sonar la cuerda al aire, presiona lentamente la barra para un sonido muy moderno.

Ejemplo 36f:

Compara el ejemplo 36f con el 36a. Escucha cómo 36f fluye como una frase musical completa.

Notas De Gracia Desde Arriba

Así como podemos llegar a una nota o frase desde atrás, también podemos hacerlo desde adelante. Esto da una calidad lírica *apasionada* a cualquier lick. Funciona bien deslizando hacia atrás desde la b5 a la 4ta de una escala de blues, especialmente cuando es seguida de inmediato por un bend de vuelta a la nota de inicial.

Ejemplo 36g:

Esta idea se utiliza con gran éxito por Steve Vai en *For The Love Of God* de su álbum *Passion and Warfare*.

Armónicos Naturales

Los armónicos en la guitarra son el resultado de un efecto físico causado al colocar un *nodo* estático en la cuerda de la guitarra, haciendo que resuene en dos longitudes diferentes[7].

Hay muchas maneras de generar armónicos en la guitarra que crean diferentes efectos. Las formas principales se detallan aquí, pero el tema realmente merece un libro propio.

El primer mecanismo que la mayoría de la gente se encuentra al tocar los armónicos es el armónico *natural*. Este tipo de armónico requiere la menor manipulación de la guitarra y se produce naturalmente en muchos puntos específicos de cada cuerda.

La idea es crear un pequeño punto en una cuerda que quede absolutamente quieto cuando punteas la cuerda. Este punto divide la cuerda en dos partes resonantes separadas.

Comenzando en el 12vo traste en la 3ra cuerda, toca la cuerda suavemente *justo encima de la barra del traste* con un dedo de la mano del diapasón a la vez que tocas la cuerda al aire con la mano de puntear. Cuando puntees la cuerda, levanta simultáneamente el dedo del traste para dejar que el armónico suene.

Ejemplo 37a:

El proceso se puede aplicar a las notas en el 7mo y 5to traste; a medida que desciendes por el diapasón se hace más difícil producir las notas:

Ejemplo 37b:

Sigue experimentando al mover el dedo hacia atrás, hacia la cejilla. Hay armónicos en el 4to traste, el 3.9, el 3.2 y el 2.7 en orden ascendente de dificultad para producir. Si tienes dificultad, trata de añadir un poco de ganancia o distorsión en el amplificador.

---

7. Esta es una definición muy simplificada. El análisis detallado de la física de los armónicos no hace parte del alcance de este libro

Todos los lugares armónicos anteriores se duplican idénticamente 12 y 24 trastes arriba. Por ejemplo, el armónico del 5to traste también se puede reproducir en el 17 o en el equivalente del traste 29.

Los armónicos naturales también se puede tocar de a dos:

Ejemplo 37c:

O se pueden tocar en secuencia para hacer una melodía:

Ejemplo 37d:

Un truco final es tocar un armónico doble, y luego, lentamente, deprimir la palanca de vibrato. Como las cuerdas tienen diferentes tensiones, van a bajar de tono, cada una a un ritmo diferente, lo que causa un efecto fuera de fase excelente que suena muy bien con distorsión:

Ejemplo 37e:

Armónicos Con Tapping

Los armónicos con tapping se asemejan a los armónicos naturales, en que se crean en intervalos específicos sobre un tono fundamental. Sin embargo, se producen al tocar primero una nota con la mano del diapasón y luego llegando con la mano de *puntear* y golpeando directamente sobre el traste a una distancia determinada arriba de la nota pulsada. Las distancias que puedes tocar por arriba de la nota fundamental son las mismas que en el capítulo anterior.

En el primer ejemplo, puntea el 2do traste en la 3ra cuerda de forma normal, y luego con el dedo anular de tu mano derecha, da un golpecito rápidamente (tapping), casi rebotando en el 14vo traste en la misma cuerda.

Ejemplo 38a:

Puedes producir un armónico tocando 12, 9, 7 o 5 trastes por arriba de la nota pulsada:

Ejemplo 38b:

Estos tapping se ponen un poco más complicados a medida que desciendes por el mástil, pero puedes ayudarte aplicando un poco de vibrato a la nota pulsada.

Una gran técnica es hacer bend en la nota pulsada *antes* de tocar el armónico.

Ejemplo 38c:

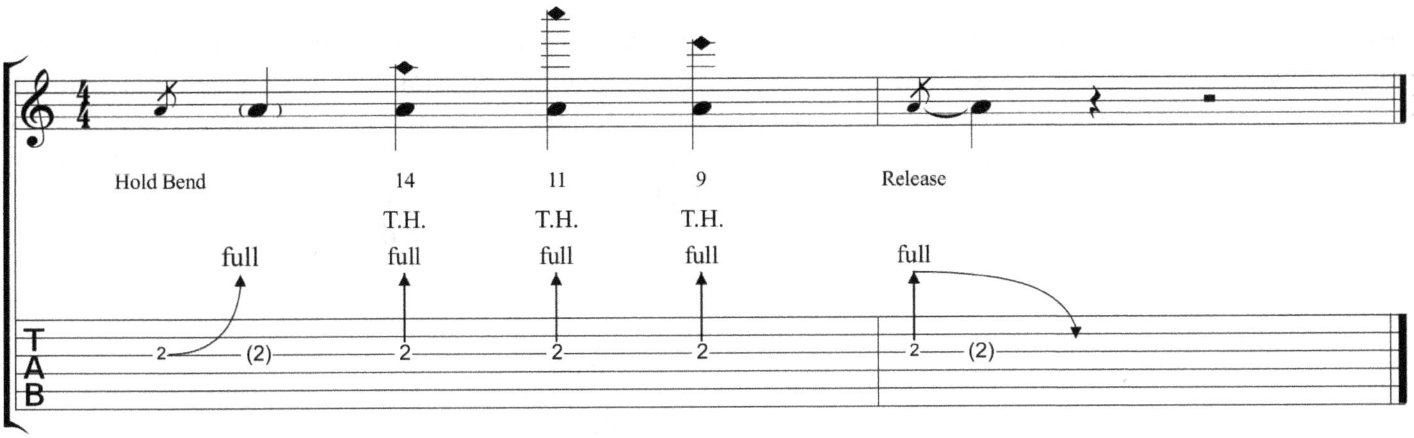

Armónicos Artificiales

Los armónicos artificiales son creados utilizando el pulgar de la mano de puntear para hacer contacto con la cuerda, *inmediatamente* después de puntear una nota. Este movimiento es tan rápido que se puede considerar simultáneo. Como siempre, sólo hay ciertos lugares en la cuerda donde se pueden hacer los armónicos artificiales, y se relacionan con los "nodos" mencionados anteriormente en la cuerda. La mejor manera de encontrar estos puntos es experimentar, moviendo la posición de punteo de la mano derecha lentamente hacia el mástil mientras se aplica vibrato a la nota pulsada. No te olvides de usar una buena cantidad de distorsión.

Para crear un armónico artificial con la mano de punteo:

Sujeta la púa de manera que se quede casi en ángulo recto con la cuerda.

Coloca la uña del dedo índice en la cuerda deseada, (vamos a utilizar la 3ra cuerda).

Empuja la púa firmemente a través de la cuerda y trata de atraparla con parte carnosa del dedo pulgar al puntear.

Prueba los pasos anteriores aplicando vibrato en el 3er traste en la 3ra cuerda.

Si no se generan armónicos, mueve la mano de puntear 1 o 2 mm hacia el mástil y vuelve a intentarlo.

Si tienes dificultades para tocar el armónico, asegúrate de tener 2 puntos de contacto al puntear la cuerda, el dedo pulgar y la púa. Deslizar hacia atrás la uña del dedo índice ayuda mucho también. Si estás pulsando el 3er traste y estás tocando una guitarra tipo Stratocaster, habrá un armónico justo en la mitad entre el mástil y la bobina del medio. Aplicar mucho vibrato con la mano del diapasón también ayudará bastante.

Esta es una técnica difícil de aprender, pero una vez que la tienes, que se quedará contigo.

Es difícil encontrar dos piezas musicales que muestren la notación de los armónicos artificiales de la misma manera dos veces, realmente no hay una convención. Normalmente los libros de música tienen un glosario de técnicas comunes y la forma en que están escritos; una forma común es la siguiente:

Ejemplo 38d:

Los números en la parte de la tablatura se escriben a menudo dentro de diamantes o triángulos.

Escucha el ejemplo 38e, yo lo toco dos veces, la primera vez se toca como está escrito; la segunda vez utilizo armónicos artificiales deliberadamente para un efecto de rock más moderno:

Ejemplo 38e:

Mientras tocas la frase, experimenta con la posición de la mano de puntear. Muévela hacia el puente, y luego lejos de él; trata de moverla hacia adelante *a medida que tocas la línea* para que le des a los armónicos artificiales en diferentes puntos durante la frase. ¡Esto es un experimento muy divertido y produce grandes resultados!

El famoso "Satch Scream" se produce al deprimir la barra de vibrato, tocando dos armónicos artificiales a la vez, en la 2da y 3ra cuerdas abiertas y halando lentamente la barra hacia arriba.

Armónicos De Arpa

Los armónicos de arpa, producen un sonido de gran belleza. Son creados al tocar la cuerda con un dedo de la *mano de puntear* justo cuando punteas la cuerda. Se crean en los mismos nodos descritos anteriormente.

Para producir un armónico de arpa, pulsa una nota de forma normal y llega sobre el mástil con la mano de puntear, 12 trastes arriba de la nota pulsada. Sosteniendo la púa de forma normal entre el pulgar y el dedo índice, toca suavemente la cuerda 12 trastes por encima de la nota pulsada con el dedo anular, (al igual que con un armónico natural) y puntea la cuerda al mismo tiempo con el plectro.

Es un poco incómodo al principio, pero cuando se quita el dedo de la mano de puntear, la nota debe sonar una octava por encima de la fundamental.

En el siguiente ejemplo, pulsa el 2do traste en la 3ra cuerda, y lleva tu plectro hasta el traste 14. Extiende el dedo anular y toca la cuerda directamente sobre el traste 14 mientras punteas simultáneamente la cuerda con la púa.

Ejemplo 38f:

Los armónicos de arpa suenan muy bien cuando se combinan con los acordes. En el siguiente ejemplo, mantén pulsado un acorde Sol Mayor con cejilla y toca un armónico de arpa, 12 trastes arriba de cada nota:

Ejemplo 38g:

Ángulo, Posición Y Dinámica De Punteo

Si has visto una orquesta profesional, es posible que el violinista principal esté tocando un Stradivarius de £ 1.200.000. El arco; sólo el palo y el pelo de caballo que están utilizando, puede costar más de £ 60.000.

Como guitarristas, utilizamos una pieza plástica de 50 centavos.

Prácticamente, cada tono que se crea en la guitarra comienza con la púa, por lo que se deduce que tenemos mucho trabajo que hacer para obtener la mayor cantidad buen tono posible de nuestra púa.

Hay muchos factores con los que podemos jugar: En primer lugar, cambiar el ángulo con el que se ataca la cuerda crea una enorme alteración en el tono. Intenta tocar un lick de blues mientras mantienes el ángulo de la púa casi recto con la cuerda.

En el siguiente ejemplo, toco el mismo lick de blues tres veces, la primera con un ángulo de punteo "normal". Luego, todo con un ángulo de unos 80 a 90 grados, y la tercera vez varío el ángulo de punteo a lo largo de la frase.

Ejemplo 39a:

Con cuerdas bastante nuevas y un amplificador a alto volumen, notarás una gran diferencia en el tono y la articulación, a los cuales el público realmente va a responder.

Trata de variar la ubicación de una nota punteada. Puntear más cerca del puente genera un sonido más "alto" y gradualmente desplazándose hacia el mástil hará que tu tono suene más cálido y más lleno.

Buscar un cambio en el ángulo de punteo con una posición de punteo constantemente cambiante, puede dar resultados fenomenales. Es una solución muy rápida para añadir profundidad y dinamismo en tu forma de tocar.

Mi último consejo es practicar el punteo mucho más de lo que crees necesario. Te ayudará a proyectar el tono a través de cualquier distorsión o efecto de tu amplificador.

No es una única solución para todo, pues puntear sin mucha fuerza puede ser un efecto importante, pero en mi experiencia, la mayoría de los estudiantes no tocan lo suficientemente fuerte. Se basan en el exceso de distorsión para dar forma a su tono. Si punteas más fuerte, envías más señal al amplificador. Esto significa que puedes utilizar menos distorsión para obtener el mismo efecto, y el tono mejorará al instante.

¡Que te diviertas!``````

www.ingramcontent.com/pod-product-compliance
Lightning Source LLC
Chambersburg PA
CBHW081132090426

42737CB00018B/3316